JN191935

浄瑠璃坂の仇討ち

じょうるりざかのあだうち

坂本俊夫

現代書館

浄瑠璃坂の仇討ち＊目次

はじめに　6

第一章　発端　17

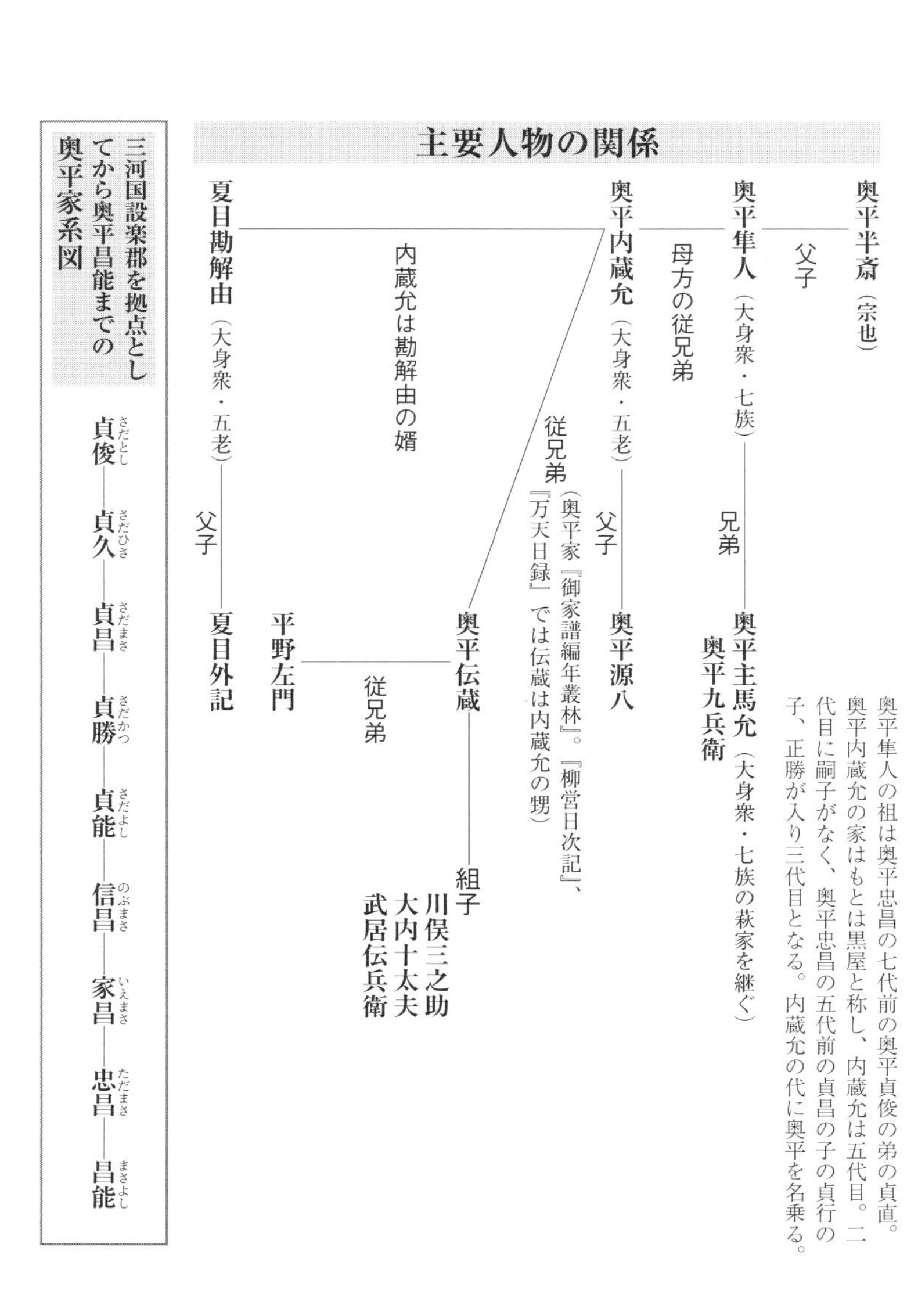
主要人物の関係
奥平半斎（宗也）
父子
奥平隼人（大身衆・七族）
母方の従兄弟
奥平内蔵允（大身衆・五老）
内蔵允は勘解由の婿
夏目勘解由（大身衆・五老）
兄弟
奥平主馬允（大身衆・七族の萩家を継ぐ）
奥平九兵衛
奥平隼人の祖は奥平忠昌の七代前の奥平貞俊の弟の貞直。奥平内蔵允の家はもとは黒屋と称し、内蔵允は五代目。二代目に嗣子がなく、奥平忠昌の五代前の貞昌の子の貞行の子、正勝が入り三代目となる。内蔵允の代に奥平を名乗る。
父子
奥平源八
従兄弟（奥平家『御家譜編年叢林』。『柳営日次記』、『万天日録』では伝蔵は内蔵允の甥）
奥平伝蔵
従兄弟
平野左門
父子
夏目外記
組子
川俣三之助
大内十太夫
武居伝兵衛
三河国設楽郡を拠点としてから奥平昌能までの奥平家系図
貞俊（さだとし）—貞久（さだひさ）—貞昌（さだまさ）—貞勝（さだかつ）—貞能（さだよし）—信昌（のぶまさ）—家昌（いえまさ）—忠昌（ただまさ）—昌能（まさよし）

はじめに

一定しない記述

江戸時代に現在の東京都新宿区市谷鷹匠町で起きた「浄瑠璃坂の仇討ち」と呼ばれる事件をご存じでしょうか。

この仇討事件、討つ方も討たれる方も下野宇都宮奥平家の旧臣で、江戸時代の宇都宮の歴史を語る上で忘れてはならないものなのですが、郷土史に関心のある人を除いて、宇都宮の人でも知らない人が多いのです。

地元でもあまり知られていないのですから、全国となると、知っている人の割合はもっと低くなるのではないでしょうか。

江戸時代の仇討ちというと、赤穂浪士の討ち入り、荒木又右衛門の伊賀上野での仇討ちが有名で、手元の国語辞典（『広辞苑』）には、「赤穂義士」、「荒木又右衛門」は掲載されています。しかし、「浄瑠璃坂の仇討ち」はありません。『角川日本史辞典』も同様です。『新版日本史年表』（歴史学研究会編）にはかろうじて「江戸浄瑠璃坂で仇討」と一言だけあります（年表ですから仕方ないですが）。世間での知名度は、推して知るべし、なのです。

宇都宮出身の私としては残念でならない。

もっとも、これは、何も今に限ったことではないようです。

国文学者の平出鏗二郎（ひらでこうじろう）は、明治四十二年（一九〇九）に発行した『敵討』で、赤穂義士の敵討ちは芝居、浄瑠璃になっているので庶民は知っているが、「浄瑠璃坂の仇討ち」はそのようなことがないため、「今日の東京人士が市ヶ谷見附の堀端を通つて、大敵討があつたのはこの邊だなと、昔を偲ぶものが日に否、一年に幾人ありませうか」と嘆いています。この頃、既にこの事件を知る人はあまりいなかった。

しかし、江戸時代、赤穂浪士の討ち入りがあるまでは、仇討ちといえば、この「浄瑠璃坂の仇討ち」が最も有名な事件でした。江戸研究家の三田村鳶魚（えんぎょ）は、「江戸のみならず、日本中に知られている市ヶ谷浄瑠璃坂の敵討という大評判なものがありました。

――（中略）――もし赤穂の敵討がなかったならば、浄瑠璃坂の方がいつまでもおぼえられているわけでありましたろう」と言っています（「横から見た赤穂義士」）。

今日、人口に膾炙している赤穂浪士の討ち入りは元禄十五年（一七〇二）、一方、ほとんど忘れられている「浄瑠璃坂の仇討ち」は、その三十年ほど前、寛文十二年（一六七二）の出来事です。

もっとも、今日でも歴史の本や辞典には紹介されることはあり、それらを通してわれわれは事件のことを知ることができます。事件の概略を知る意味で、どのようなことが書かれているのか、いくつか見てみましょう。

まず『国史大辞典』（吉川弘文館）。

「発端は寛文八年（一六六八）二月、宇都宮城主奥平忠昌の死去に際し、葬儀の場で家老の奥平隼人と奥平内蔵介が口論し、両者抜刀したが仲裁が入り、それぞれ親類預けとなったことによる。のち奥平家が減封され山形に移されたのは、忠昌の死去による殉死や右の争いが原因であったといわれる。内蔵介は宿所で自害し、乱心であったとして息子の源八らは幕府の指示で改易になった。同十年七月に、浪人となった源八（この時十二歳）らは、山形に住む隼人の弟主馬を討つこととし、上ノ山で首尾を果たした。ついで江戸の旗本屋敷に潜んでいた隼人を討つべく、主馬の首を屋敷内に投げ込んだという。このため隼人は市谷浄瑠璃坂の戸田七之助屋敷へ移った。同十二年二月二日の夜、源八は七十余人の集団で江戸に入り、火消の装束で身を固め隼人の住居を襲撃した。翌朝牛込の土橋で両者は対決したが、隼人は討ちとられた。源八らは井伊家に口上書を提出、老中協議の上で伊豆大島へ流された。のちに赦免され、彦根にて井伊家に召し抱えられたという」。

次に『大系日本の歴史9』（小学館）。「浄瑠璃坂の仇討ち」について以下のように記しています。

「同藩家老の奥平内蔵之丞と奥平隼人が抜刀して争い、それがもとで内蔵之丞は自決した。これにつづいて内蔵之丞の子源八が奥平伝蔵ら四十余人と脱藩、仇敵隼人を四年間追ってついにさがしあて、江戸牛込浄瑠璃坂の土橋の上で、双方数十人の規模で争闘し、隼人は討たれた」。

両者には違いがあります。前者は、源八たちは改易となったとありますが、後者は源八が奥平伝蔵ら四十余人と脱藩とあります。改易は家禄を没収され、奥平家と主従関係がなくなることで、馘首されたようなものです。一方、脱藩は自ら主従関係を断ち切り、浪人となることで、意味が違います。どちらが正しいのでしょうか。また、隼人を討った経緯で、前者は夜に「浄瑠璃坂の屋敷」を襲撃し、翌朝、「牛込の土橋」で隼人を討ち取ったとあり、後者は「浄瑠璃坂の土橋の上」で隼人を討ったとあります。これに関しては浄瑠璃坂に土橋などありませんから、後者の誤りでしょう。

さらに二つ、歴史の本を読んでみましょう（目についたものを任意に選んでいます）。まず『日本の歴史6江戸時代』（岩波ジュニア新書）。

「奥平忠昌没後十四日目に、奥平内蔵介が、法要への遅刻を『腰抜け』と詰った奥平隼人を武士の一分を立てるためと斬りつけたことから、―（中略）―仇討事件になった。斬り合いの後に内蔵介は自害し、同家は永暇を命じられた。これを依怙贔屓と反発した一族は、遺児を擁して宇都宮を退転し、七二（寛文十二）年江戸の武家屋敷に潜伏する敵を七十余人の大集団で襲って仕留めた」。

法要で斬り合った隼人の処分はどうなったか書いてありませんが、討ち入った人数は『国史大辞典』と同じです。また、『国史大辞典』では葬儀の場で斬り合ったとなっていますが、『日本の歴史6江戸時代』では法要の時となっています。

もう一つは『江戸の「事件現場」を歩く』（祥伝社）。この事件について少し詳しく書かれていますが、ここでは他と違うところを見てみます。
・藩は奥平隼人を改易。奥平内蔵允の嫡子源八と内蔵允の従弟奥平伝蔵は家禄没収、即日追放となった。
・寛文十二年二月三日未明、源八ら一党四十二名が鷹匠頭屋敷門前に火を放ち、「火事だ」と叫び、門があいたところを討ち入った。
・源八たちは放火の罪で伊豆大島へ流された。

この本では、追放となったのは源八と伝蔵となっています。討ち入った人数に目を向けると、『国史大辞典』と『日本の歴史6江戸時代』では七十余人のところ、『江戸の「事件現場」を歩く』では四十二人です。赤穂浪士は四十七士と言われていて、これを八十人とするような歴史の本はないでしょう。ところが、「浄瑠璃坂の仇討ち」では、討ち入った人数という基本的なことでも、本によって違いがあるのです。隼人に斬りかかった者の表記も、「内蔵介」、「内蔵之丞」、「内蔵允」とまちまちです。

また、『国史大辞典』では「火消の装束で身を固めて襲撃した」となっていますが、『江戸の「事件現場」を歩く』では屋敷に火を放ち、その罪で伊豆大島に流されたとしています。

このように、現在の歴史の本でも、いくつか違いが見られます。仇討ちがあったのが寛文十二年（一六七二）。それから三百年以上経ていても、歴史の本の記述に違いがあり、どれが真実なのか、よくわからないのが現状です。

では、実際の「浄瑠璃坂の仇討ち」事件はどういうものだったのでしょうか。大それた課題ですが、本書でその実像にできる限り迫っていこうと思っています。

手掛り

「浄瑠璃坂の仇討ち」の実像に迫る手掛りとしてまず考えられるのが江戸時代の史料です。先にあげた歴史の本等も江戸時代の史料をもとにしているはずです。「浄瑠璃坂の仇討ち」に関する江戸時代の史料を大きく三つに分類すると、実録物等の小説類、随筆類、記録類があります。なかでも庶民にいちばん読まれたのは実録物や随筆類でしょう。具体的にどのようなものがあるかは、巻末に付けましたので（「浄瑠璃坂の仇討ち」を扱った史料）、興味があれば、ご覧ください。

実録物は、事実をもとに創作を加えた江戸時代の小説です。ですから、作り話が盛り込まれているのは当然です。ただ、実録物には事実も記載されていると考えられます。しかし、それらの作品の中にいくつかの事実があったとしても、どの部分が事実でどの部分が創作なのか、読んだだけではわかりません。

ですから、参考にはなりますが、実録物を頼りに「浄瑠璃坂の仇討ち」の実像に迫るのには無理があります。

随筆類はどうでしょう。江戸時代前期の歌学者、戸田茂睡（とだもすい）（一六二九～一七〇六）は、江戸名所記の『紫の一本（ひともと）』で、内蔵允の息子の源八が敵を討つ様子を「色めく花の振袖は吹春風にひらめきて、たきしめたりし伽羅の香は、敵の袂も匂ふらん」などと書いています。見てきたような描写で、創作であることは明らかで、あまりあてになりませんし、ほかの随筆にも、随筆なのに実録物と同じ内容のものもあります。

実録物や随筆類以外ではどうでしょう。

江戸時代の歴史を見る上で欠かせないのが、徳川家の正史とされる、幕府編纂の『徳川実紀（とくがわじっき）』です。その「嚴有院（げんゆういん）殿御実紀」にこの事件のことが書かれています。その内容を確認しておきましょう。要約すると、次のようなことが記されています。

・奥平忠昌（ただまさ）の葬送の時、奥平内蔵允と奥平隼人が争論し、刃傷に及んだ。
・内蔵允はその志を遂げられなかったことに憤り、切腹した。
・内蔵允の子源八と隼人は追放となった。
・源八は近縁の奥平伝蔵、夏目外記（なつめげき）らの助けのもと、隼人を殺そうとしてできずに怨みを持って死んだ父の仇を討とうとする。
・一方、隼人側は、一族が集まり、その上裕福だったので、江戸で屋敷を堅固にして住んだため、源八たちは容易には討つことができなかった。
・二月二日の夜、大風に乗じて隼人の屋敷の前後に茅を積み、火を放って、火事よ火事よと叫び、隼人側がこの火を消そうとして、門を開けたところ、押し入り、討ち取った。
・公儀から源八以下の者の穿鑿があった。
・源八たちは井伊家に出頭して事の始末をすべて述べ、公儀の裁きを求めた。
・井伊直澄（いいなおすみ）は彼らの行動に感じ入り、命を助けようとし、助命はかなったが、門前に茅を積んで火を放った罪は逃れることはできず、源八たちは遠島になった。

ただし、これには「世に傳ふる所は」という但し書きがあります。あくまで伝聞であり、実際とは違うかもしれないという意が含まれています。

ほかに、『徳川実紀』が典拠としているものの一つである、徳川幕府の公日記の『柳営日次記』、また、万治元年（一六五八）から天和三年（一六八三）までの記録である『万天日録』（釣雪堂、著者の自序は元禄二年）にもこの事件が記されていますので、以下で随時触れることにしますが、事件の全体を詳しく記述しているわけではなく、参考となる程度のものです。

『鳩巣小説』というものもあります。加賀前田家に仕えていた儒学者、室鳩巣（一六五八～一七三四）が公儀の儒員となってから、前田家の門人に送った手紙などをまとめたもので、ここに収められている「浄瑠璃坂の仇討ち」に関する記事は、事件の概要を簡潔にまとめてあります（巻末に紹介）。ただ、これも梗概的なもので、詳しく知る役には立ちません。

では、「浄瑠璃坂の仇討ち」の実像に迫る手掛りとなるような適当な史料、つまり、その記述が信頼でき、かつ事件の全体を知ることができる史料はないのでしょうか。

ありました。

仇討ちに加わり、重要な場面すべてに当事者の一人として立ち会った川俣三之助(かわまたさんのすけ)が記したものです。

敵を討つ側の中心人物、奥平伝蔵の組子だった三之助は仇討後、稲葉家の家臣となりました。この記録はその末裔が持っていたもので、昭和三年(一九二八)に、『淨瑠璃坂仇討の一黨川俣三之助氏自記』(以下『自記』)として公になりました(田邊密藏「赤穂義士と我藩との關係並に大石良雄が大に學ぶ所ありしといふ淨瑠璃坂の仇討」『淀城温故会第三回報告書』)。

仇討ちが行われた翌年に三之助は『自記』を書いています。当事者であり、自分が見たことだけで、余計なことは書いていない点や、事件直後に書かれたものであるということから、信用できる文献と考えられ、また、発端から結末までが記録されています。三之助自身、『自記』の最後に、「最初から最後までのあらましであり(「初中後有增也」)、自讃するような気持ちはなく記した(「全自讃之無心底相印候」)」と書いています。

前置きが長くなりましたが、この『自記』の記述に沿って、他の文献も参考にしつつ、事の顚末を見ていくことにします。

第一章　発端

奥平忠昌の死

「浄瑠璃坂の仇討ち」事件が起きたのは寛文十二年（一六七二）、四代将軍徳川家綱の世です。慶安四年（一六五一）四月に三代将軍家光が四十八歳で没し、家綱は八月に将軍宣下を受けています。まだ十一歳でした。

その一ヵ月前の七月に起きたのが慶安事件です。

徳川の体制を強固なものにするために、幕府は家康が江戸幕府を開いた慶長八年（一六〇三）から家光が死ぬまでに百以上の大名を改易としました。家光の代だけで同母弟の徳川忠長（駿河遠江）をはじめ、加藤忠広（肥後熊本）、寺沢堅高（肥前唐津）など、五十七の大名が改易となっています（『日本史総覧』）。この結果、江戸や大坂には生活もままならない不満浪人があふれました。軍学者の由井正雪は彼らの力を集めて幕府転覆を図ったのですが、事前に発覚し、正雪は切腹しました。これが慶安事件です。このような事件を経て、幕府は浪人を生み出す大名家取り潰しを控えるようになり、社会も安定していきました。

それから六年後の明暦（めいれき）三年（一六五七）、江戸の町は大火に見舞われます。明暦の大火です。『武江年表（ぶこうねんぴょう）』（斎藤月岑（げっしん））によると、「正月十八日、乾（北西＝著者）大風。未刻より本郷五丁目裏本妙寺より出火―（中略）―焼死十万七千四十六人といへり」という災禍でした。江戸の町の大半を焼き、江戸城は天守閣も焼けて、以後天守閣は再建されることはありませんでした。この大火によって、江戸の町は新たに整備され、防火上の空き地である火除地（ひよけち）、広い道路の広小路などが設けられ、また、翌年の万治（まんじ）元年九月には、定火消（じょうびけし）役が設置されました。当初は四ヵ所に役屋敷が設けられ、それぞれ旗本が命ぜられ、各定火消役の下に与力六騎、同心三十人がいて、さらに「臥煙（がえん）」という火消人夫がいました。

このように徳川の体制が安定し、江戸の町も大火を経て新しくなる中、その江戸では、明暦の大火前後から社会の秩序を脅かす振る舞いをする旗本奴（はたもとやっこ）、町奴（まちやっこ）が登場します。

旗本奴とは、旗本の子弟などが無頼化したもので、集団をつくって江戸市中を横行しました。町人で同様に無頼化したのが町奴です。かれらを「かぶき者」、「男伊達（おとこだて）」、「六方者（ろっぽうもの）」などと言いました。旗本奴の水野十郎左衛門（みずのじゅうろうざえもん）と町奴の幡随院長兵衛（ばんずいいんちょうべえ）の喧嘩は有名です（十郎左衛門は明暦三年に長兵衛を殺害するなどし、寛文四年に切腹させられています）。慶安の頃からこの旗本奴、町奴の横行が目立ち、幕府は「かぶき者」の取り締りを行っています。

そして、世は寛文になりました。寛文元年には「水戸黄門」で知られる徳川光圀が水戸城主となっています。翌年、家光、家綱に老中として仕え、島原の乱や慶安事件の鎮圧、明暦の大火の処理などで辣腕をふるった松平信綱が他界します。

寛文になっても、「かぶき者」は消えませんでした。江戸の町では深見十左衛門が闊歩しています。戯作者、山東京伝（一七六一―一八一六）の『近世奇跡考』によれば、十左衛門は、「寛文の頃、江戸に六方男伊達といふものあまたありし、其徒のかしらなり。強をくじき弱をたすけ、人の危急を見て、すくはずといふ事なし」という人物だったようです。「六方男伊達」の頭で、強い者をやっつけ、弱い者の味方をし、人が困っていれば助けるという、正義の味方のような存在に描かれています。また、「老年におよびても、二尺四五寸の朱鞘の大脇差をはなさず」というように、十左衛門に限らず、「かぶき者」は奇抜な格好をして、その存在を主張していました。寛文二年に、幕府は二尺八寸九分以上の刀、一尺八寸以上の大脇差、大鍔・大角鍔、撫付（つけ）（惣髪）・大額（おおびたい）、月代（さかやき）の剃りさげ、黄漆（きうるし）の鞘等を禁じています（児玉幸多『日本の歴史16・元禄時代』）。実際にそういう姿の者たちがいたということです。京伝によれば、十左衛門は、一尺八寸、つまり約五五センチ以上の脇差が禁じられているところ、それよりも長い、七五センチほどの脇差を帯びていたわけです。十左衛門はさらに、「額をひろくぬきあげ」ていて、額の際が前からは見えなかったと言います。

ひょっとしたら、「浄瑠璃坂の仇討ち」に加わった同志の中に江戸市中で十左衛門の姿を見た者もいたかもしれません。

このような「かぶき者」は殺伐とした戦国の名残という説があります。一方、目立ちたがり屋の単なる無頼の徒とも言えます。戦国の名残という面では、本書の主人公である「浄瑠璃坂の仇討ち」を決行した侍たちも、ほとんどが自ら禄を捨て、命を賭けて仇討ちに加わっていて、気に入らない主君には仕えない、一人の主君に死ぬまで忠誠を尽くすなどとは考えずに命を張っていろいろな家を渡り歩くという戦国の気風を受け継いでいたと言えるでしょう。

さて、深見十左衛門が江戸の町で話題になっていた頃、下野（しもつけ）宇都宮を治めていたのが奥平美作守忠昌（おくだいらみまさかのかみただまさ）です。

奥平家は三河設楽郡を拠点とし、天正三年（一五七五）、忠昌の祖父、定昌が長篠城を死守して、織田信長、徳川家康連合軍が武田勝頼を破るのに貢献し、信長から「信」の字をもらい、信昌となり、家康の娘、亀姫（家康の長男松平信康の同母の妹）を嫁にして徳川家の外戚となった家です（新井白石の『藩翰譜』によると、この婚姻は父貞能と共に一族を離れて徳川についた定昌に家康が長篠城を与えた時に決まっていたようです）。また、この時、一族の者と重臣の計十二の家が家康から永代拝謁・独礼が許され、これを七族五老と言いました（黒屋直房『中津藩史』によれば、

宇都宮城址公園（宇都宮城本丸跡）

七族五老は、慶長十年に区別をなくして、まとめて大身衆と称し、この中から家老を交代で務めるようになります）。この信昌の子の家昌が慶長六年（一六〇一）に宇都宮の城主となり、その子、忠昌が同十九年に後を継ぎますが、まだ子どもとの理由で元和五年（一六一九）に古河に移されました。代わって、父正信と共に家康、秀忠に側近として仕えた本多正純が宇都宮に入ります。その正純は、二代将軍秀忠の不興を買って改易となり、これをもとに、正純が宇都宮城に細工し、将軍を暗殺しようとしたという「宇都宮釣天井」の話がつくられます。

その正純に代わって、古河に移っていた忠昌が元和八年に改めて宇都宮十一万石の城主となります。ちなみに、奥平家は、忠昌の子、昌能の時、出羽山形に転封となり、その後、宇都宮、丹後宮津を経て、豊前中津に移り、幕末に至って福沢諭吉を輩出しています。また、ドイツ人医師のヨハン・アダム・クルムスの医学書のオランダ語訳『ターヘル・アナトミア』を杉田玄白らと翻訳した（『解体新書』一七七四年）前野良沢は奥平家の医師でした。

奥平忠昌は四十六年間宇都宮を治め、寛文八年二月十九日、江戸・汐留の屋敷で他界します。「八年二月十九日卒す。年六十一」と、文化九年（一八一二）に成立した大名・旗本の家譜である『寛政重修諸家譜』にあります。そして、三月二日、忠昌の法要が奥平家の菩提寺である、臨済宗の興禅寺で行われ、事件はこの時起きました。

興禅寺での刃傷

栃木県宇都宮市のＪＲ宇都宮駅西口に出て、駅を背に少し歩くと、田川にぶつかります。そこを川岸に沿って北に五分ほど進むと、右手に興禅寺の門が見え、寺に近づくと、「興禪寺　史蹟　浄瑠璃坂の仇討」の看板が目に入ります。昔は現在より広く、大門跡の横には寛永元年

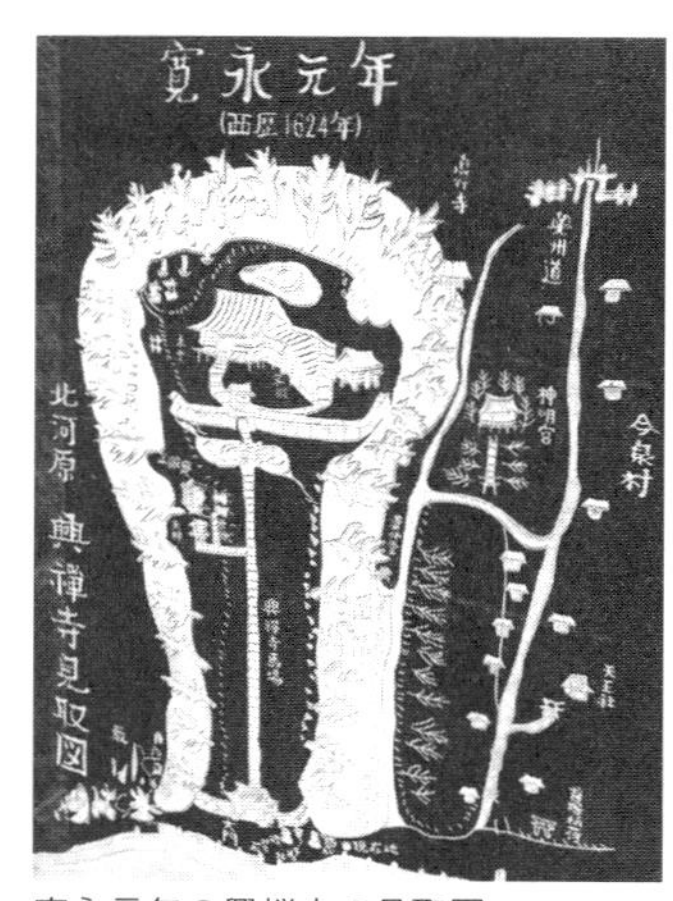

寛永元年の興禅寺の見取図

興禅寺（栃木県宇都宮市）

（一六二四）の見取図があり、当時は四万坪の寺域を誇っていたようです。

その興禅寺は、鎌倉幕府の有力御家人、宇都宮貞綱（さだつな）によって正和（しょうわ）三年（一三一四）に開基。慶長二年（一五九七）に豊臣秀吉が宇都宮氏（国綱（くにつな））の所領を没収した際に廃寺となりましたが、慶長六年に奥平家昌が宇都宮城主となって再興しました。宇都宮城の本丸があった宇都宮城址公園からは徒歩で二十分ほどのところです。忠昌はここに葬られ、奥平家が宇都宮から山形に転封となった翌年の寛文九年に、臨済宗の清光院（せいこういん）（東京都品川区）に改葬され、現在もここに奥平家代々の墓があります。

興禅寺の門をくぐると、本堂があり、その左手の墓域に「浄瑠璃坂の仇討ち」事件を引き起こした奥平内蔵允の墓も残っています。

奥平家墓域（清光院、東京都品川区）

川俣三之助（かわまたさんのすけ）の『自記』の記述は、「寛文八 戊申（つちのえさる）年三月二日興禪寺にて奥平隼人奥平内蔵允喧嘩」から始まります（以下特に記載がない引用は『自記』の文）。寛文八年の三月二日に興禅寺で奥平隼人と奥平内蔵允が喧嘩をしたというのです。『自記』によれば、隼人は三十五歳、内蔵允は三十九歳で、母方の従兄弟同士でした。

隼人も内蔵允も前述した大身衆で、隼人は七族の、内蔵允は五老の出身です。

ちなみに、最初の七族五老は次の十二家です（『中津藩史』による。領地は奥平家が領有していた三河の領内）。

七族

- 奥平出雲貞盛（和田を領していたので和田家と呼ぶ）
- 奥平八郎二郎貞直（中金を領していたので中金家と呼ぶ）
- 奥平但馬久正（夏山を領していたので夏山家と呼ぶ）
- 奥平主馬允（萩を領していたので萩家と呼ぶ）
- 奥平兵庫信丘（田代を領していたので田代家と呼ぶ）
- 奥平久兵衛貞直（日近を領していたので日近家と呼ぶ）
- 奥平土佐定雄（稲木を領していたので稲毛（稲木）家と呼ぶ）

・奥平修理定直（和田家の三代目が武田氏に属したので、代わりに雨山城主だった阿知波定直が七族に列し、雨山家と呼ぶ）

五老

・山崎三郎左衛門高元
・生田主計
・兵藤太郎八
・黒屋甚兵衛重氏
・夏目五郎左衛門治員

奥平隼人は中金家の八代目です（初代は奥平忠昌の七代前の貞俊の弟の貞直）。隼人の弟、主馬允は養子として萩家を継いでいました。

奥平内蔵允は黒屋家の五代目で、三代目の掃部正勝（かもんまさかつ）は、奥平忠昌の五代前の貞昌の子の掃部貞行の子で、主家の血が入っています。内蔵允の時、奥平の姓を賜り、以後奥平を名乗ります。

内蔵允の子、源八は仇討成就後、近江彦根の井伊家に召し抱えられるのですが、井伊直興の命で元禄四年（一六九一）から作られた、井伊家の家臣の由緒・経歴を記した台帳、『侍中由緒帳』の、源八自らが書いた自身の家についての記述には、内蔵允について、知行一千石で、年始の挨拶で将軍に会うことができる家老だとあります。永代拝謁・独礼が許されるという自慢の家柄だったので、あえて記したのでしょう。

ところで、この『侍中由緒帳』の読み方ですが、何と読んだらいいのか、この翻刻版を発行している彦根城博物館に問い合わせてみたところ、当時、どう読んでいたかわからず、とりあえず、『新修彦根市史』では「さむらいちゅうゆいしょちょう」としてあるので、それに従うといいのではとのことです。昔の人の名前や書物などの読みは、当時、ふりがなでもつけてあればわかりますが、そうでないと、読み方に困るものもあります。戦国武将の浅井長政の「浅井」を「あさい」と読むか「あざい」と読むかというのもその一つです。

「奥平内蔵允」も同様です。

読み方の前に内蔵允の表記について触れておくと、「内蔵丞」（『柳営日次記』）、「内蔵介」（『鳩巣小説』、『万天日録』）、「内蔵助」（『武野燭談』著者不詳、徳川家康から五代綱吉までの時代の将軍、大名、旗本などの逸話などをまとめたもの）などとなっています。また、『侍中由緒帳』には「内蔵亮」とあります。ただ、興禅寺にある墓には「内蔵允」と刻まれていますので、ここでは『自記』や墓の表記に従い「内蔵允」とします。

読みのほうは、「介」、「助」を使っているものは「すけ」と読ませているわけで、「允」の場合は、「すけ」でも「じょう」でもかまわない。実際、「内蔵允」と書き、「くらのすけ」とルビをふっている本もありますし、「くらのじょう」としている本もあります。ここでは官職（四等官）の「允」の読み、「じょう」と読むことにしておきます。「主馬允」も同様です。

さて、興禅寺での出来事の話に戻りましょう。この内蔵允（くらのじょう）と隼人が興禅寺で喧嘩をしてしまいました。『自記』には興禅寺で何が行われていた時に喧嘩をしたのかは書かれていません。ただ、興禅寺は奥平家の菩提寺であり、そこに重臣たちが集まっていたこと、忠昌が亡くなってから十三日後のことを考えれば、忠昌の法要（おそらく死後十四日目に行う二七日（ふたなぬか）の法要）の時と考えて間違いないでしょう。

脇差を抜いての斬り合いとなりました。『自記』によれば、内蔵允が斬りかかり、隼人は左頬と右肘に傷を負いますが、応戦。内蔵允は右腕を斬られ、脇差を落とし、それを拾おうとした際に頭も斬られます。そこに同じ大身衆の兵藤玄蕃(ひょうどうげんば)が両者を止めに入り、この場は収まりました。

内蔵允が先に手を出したのです。内蔵允の行動は、時と場所を考えないもので、その点、後の「忠臣蔵」の浅野長矩(ながのり)と似ています。また、こちらから斬りかかったのに、仕留められなかった。内蔵允は、剣術は得意でなかったのかもしれません。仕留められなかった点も長矩と同じで、だからこそ、後に仇討ちに発展したわけです。

この時、隼人の弟、主馬允(しゅめのじょう)も内蔵允に斬りかかりました。内蔵允の傷の一つは自分の太刀だと主馬允が自ら話したと『自記』に書かれています。その後、両者はそれぞれの親族に連れられ家に戻りました。

刃傷が法要ではなく葬儀の場で行われたとしているものもありますが、内蔵允が隼人に斬りかかったという点では江戸時代の文献は一致しています。

刃傷の理由

では、なぜ内蔵允は隼人に斬りかかったのでしょうか。三十歳代の、しかも家老職を務めるほどの人物が、亡君の法要の場で刀を抜いたのですから、武士の面目にかかわる、よほどのことがあったのでしょう。

『自記』では内蔵允と隼人は十年余り挨拶もしない仲で、この時の遺恨は文字の「僉議」がもとになっていると説明しています。もともと仲が悪く、興禅寺で文字について何か議論があり、もめたようなのです（「十ヶ年餘挨拶不宜其時之意趣者文字僉議云募候事」）。

この刃傷の理由は、『中津藩史』に収録されている「夏目外記手簡写」にも書かれています。『中津藩史』は黒屋直房が昭和十五年（一九四〇）に出版したもので、「黒屋」という姓から、この人は奥平内蔵允の血筋にあたる人のようです。

「夏目外記手簡写」の夏目外記は討ち入りに加わった一人で、この手簡は、外記が事件直後に、夏目勘解由に報告として出したものです。勘解由と外記の関係は『自記』には記されていませんが、外記も後に井伊家に召し抱えられていて、『侍中由緒帳』に外記が書いたものには、「拙者親夏目勘解由」とありますから、勘解由と外記は親子で、勘解由は家老を務め（大身衆）、「知行千百石」、外記は「三百石」とも書いてあります。また、内蔵允は『柳営日次記』では勘解由の婿となっています。外記自身は『侍中由緒帳』で「内蔵丞近親」とだけ記しています（以下、仇討ちに加わった者と内蔵允との関係は『自記』では触れられていません）。

その外記の「手簡写」には内蔵允の言い分が紹介されています。それによると、「近年仲が悪く、葬礼の前日に文字の『詮議』をしたところ、聞き捨てにできないことを言われ、その時に討ち果たそうと思ったが、大切な葬礼の前と、自重した。しかし、今日はついに我慢がならなかった」とのことです。

『自記』と「手簡写」から、内蔵允と隼人は不仲だったこと、文字のことで内蔵允の面目にかかわるような諍いがあったことがはっきりします。そして、これらのことによって、隼人に対する内蔵允の憤怒の気持ちが爆発寸前まで来ていたことは確かです。

ただ、『自記』と「手簡写」の記述には少し違いがあります。『自記』のほうでは法要の時に文字の詮議で諍いがあって、それが原因で喧嘩となったと読み取れます。ところが、「手簡写」では、法要ではなく、葬儀の前日、文字のことで詮議があり、その時、聞き捨てにできないことを言われ、討ち果たそうと思ったが、葬儀の前なので、我慢したとあり、文字でもめたのは、刃傷に及んだ時ではありません。「手簡写」によれば、刃傷に及んだ当日（「手簡写」には法事中とあります）にも隼人の言動に我慢できないものを感じ、ついに刀を抜いたようです。いずれにしても、きっかけは文字の詮議です。

この二つの記録では、二人が不仲になった理由は定かではない。また、文字の詮議について、どのようなことだったのか、具体的なことはわかりません。

ところが、文字の詮議について、江戸時代の文献には具体的に書かれています。

『柳営日次記』では、法事の場での忠昌の戒名の字の詮索が原因としています。『鳩巣小説』でも「位牌の文字のことで口論となり」とあり、どうも戒名の読み方でもめたようです。

前出の『中津藩史』には「浄瑠璃坂讐討の顚末」として事件の経緯が書かれています。著者の直房の家には『讐討ノ書』という写本が二冊、『報讐録』という題の書が二冊あったとのこと。『讐討ノ書』の一冊は、奥平源八か奥平伝蔵かが（いずれも事件の当事者）、晩年に書いたものに、その「系統の者」が追録したと思わせる廉があるとし、もう一冊は、当時「藩外の者」（奥平藩外でしょう）が見聞して記録したもののようだとしています。それなりに信用はできるでしょうが、ただ、あくまで「思わせる廉がある」、「記録したもののようだ」という推測です。『報讐録』は、これも事件の当事者である桑名頼母が記録したものであるとし、豊後日出の木下家家老で、儒学者・蘭学者である帆足万里に、直房の祖父が見せたところ、万里が跋文を巻末に書いてくれたと説明しています。この原本は人に貸して、どこかに行ってしまったとのことで、今は写本があるとしています。こちらも、事件に関わった桑名頼母が記録していたというのでしたら、ある程度信用できると思いますが、原文を見られないので何とも言えません。

ともかく直房は、これらをもとに、内蔵允が刃傷に及んだ状況を次のように書いています。

- 忠昌の葬儀の前日、位牌の文字を隼人が読めず、内蔵允が読めたことで、隼人が内蔵允を出家だとけなしたのがきっかけで言い合いになり、隼人が内蔵允に対して、武芸拙い文弱漢は先祖の功名を汚すと罵った。
- この時は、大切な葬儀の前と内蔵允は我慢した。
- 二七日の法要の時、内蔵允は病気で、一子源八を代参させた。大身衆にはその旨、事前に伝えてあった。
・隼人は内蔵允がいないのを怒り、遅参だ、酒でも飲みすぎたのだろうと罵っているところに、病を押して内蔵允も来たのだが、貴殿一人のために法要が遅れたと隼人が内蔵允を罵り、決められた刻限には間に合っているのに、そのような言い方をされたため、焼香が済んでから隼人に斬りかかった。

ここでも戒名（位牌の文字）の読み方でもめたとなっています。

確かに、葬儀もしくは法要の場で文字の詮議でもめるという場合、まず思い浮かぶのは戒名の読みで、『柳営日次記』などの記述は信憑性が高いですが、『自記』にも「手簡写」にも具体的には書いていないですし、また、『自記』を世に出した田邊密藏は、興禅寺の篆額（てんがく）（碑などの上に篆文で書かれた題字）の文字の解釈から言い合いになったとしていて、それも否定できないので、断定は控えます。

一方、この文字の詮議について、実録物の『日本武士鑑（にほんぶしかがみ）』（椋梨一雪（むくなしいっせつ）、一六九六）や『一谷報讐記（いちがやほうしゅうき）』（宮川忍斎（みやがわにんさい）、一七〇八）などでは、位牌の読み方ではなく、寺に書かれていた「入室」の読み（「にしっ」か「にうしつ」か）が原因となっています。ただ「入室」の読み取りが原因ということに関しては、もっぱら実録物で書かれていて、信用できません。

また、『玉滴隠見（ぎょくてきいんけん）』（著者不詳、天正の頃から延宝八年までの逸話など）や『万天日録』では、焼香の順番の争いとも、位牌の読み方とも言い、諸説あるが、事実はわからない（「実正ハシカト知レス」）としています（『玉滴隠見』と『万天日録』の内容はほとんど同じです）。

ここで、焼香の順番という話も加わりました。ただ、同じ大身衆で内蔵允に奥平の血が入っているとしても、五老の内蔵允より七族の隼人のほうが奥平家の血筋の面では上で、石高も、『自記』には記されていませんが、『柳営日次記』などでは、隼人が二千石とあり、内蔵允は前述のように一千石ですから、隼人が格上で、少なくとも、焼香の順番でもめることはなかったと思います（内蔵允がそのあたりの常識をわきまえない人だったら別ですが）。

ここは『自記』や「手簡写」にあるように、「文字の詮議でもめた」とだけしておきます。それが葬儀の時か法要の時かは不明ですが、刃傷に及んだのは法要の時でした。

これが事件の発端です。

ただ、文字の詮議でもめただけでは、「こう読む」、「いや違う」という程度で、いくら短気な人間でも斬り合いにはならないでしょうから、それをきっかけに内蔵允が隼人に何か言われたと想像できます。実録物などでは、『中津藩史』と同様、隼人が内蔵允を侮辱したことで、内蔵允が刃傷に及んだとしていて、隼人が悪者になっています。仇討ちの話の場合、討たれる側が悪者でないと、物語としておもしろくないですから、仕方がないでしょう。実際、そうだったのかもしれませんが、いずれにしても、内蔵允は短慮だったと言えます。主家のこの時の状況を考えたら、ふだん以上に刃傷事件など起こしてはならなかったのです。

杉浦右衛門兵衛の殉死

ここでこの時の主家、奥平家の状況について見ておきます。実は大変な状況だったのです。

四代将軍、徳川家綱は、寛文三年（一六六三）五月二十三日、殉死の禁止を命じていました。殉死とは、死んだ主君の後を追って自殺することで、その方法が切腹だったので追腹とも言います。

殉死は江戸時代以前にもまれにありましたが（たとえば、関白の豊臣秀次が秀吉の命で切腹した際に家来が追腹を切っています）、流行のようになったのは江戸に入ってからです。十七世紀の中頃までで殉死者の多い例を見ると、薩摩の島津義久の殉死者は十五人、佐賀の鍋島直茂は十二人、仙台の伊達政宗が十五人、熊本の細川忠利が十九人、佐賀の鍋島勝茂が二十六人等で、徳川家光が亡くなった時には老中の堀田正盛、阿部重次らが殉死しています。ちなみに、殉死はもともと主君と男色関係にあって、その主君への一体化が目的でしたが、殉死が美しいもの、賞賛されるものになってからは、男色の関係にない者までも追腹を切るようになったようです（山本博文『切腹　日本人の責任の取り方』）。

しかし、このように多くの家臣が後を追って死ぬことは、その家にとって損失であり、無益なことです。そのため、水戸の徳川光圀や会津の保科正之などが領内の殉死を禁じ、幕府も殉死を禁じたのです。寛文三年に大名諸侯に伝えた内容は、「殉死は昔から道に外れ、無益なことと戒めているのに近年殉死する者が多い。今後そんな心積りの者がいたら、常日頃から主君がそんなことをしてはいけないと言い聞かせておくように。もしこれから殉死があったら、亡君の不覚悟（不注意、落ち度）であり、新しい主君も、殉死をやめさせられなかったら、行いがよくないということになる」というものでした（『徳川実紀』）。明文化されたのは天和三年（一六八三）の武家諸法度においてです。

ところが、忠昌の死に際して、家臣の杉浦右衛門兵衛が殉死しました。家臣が幕府の禁を破ってしまったのです。奥平家の跡継ぎ、大膳亮昌能が殉死をやめさせることができなかったわけですから、奥平家に対して何らかの処分が下されることは間違いない。

昌能はとりあえず逼塞を命じられ、興禅寺の刃傷事件の時は、処分待ちの状態でした。厳しい処分が想像されます。場合によっては、取り潰しになるかもしれません。その処分がまだ決していない状況で、家臣が今度は刃傷事件を起こした。奥平家に対して、より厳しい処分が言い渡されることになることも考えられます。

悪いことをして、どれくらいの罰を与えるか決めるから待っていろと言われ、そうしている間に、また悪いことをしてしまったわけで、その責を負わなければならない昌能は、怒り、また、困り果てたでしょう。

当然、内蔵允もそれくらいのことはわかっていたはずです。それなのに、堪え切れず刀を抜いた。しかも、先君の法要の時で、です。なおさら控えなければならなかったのです。

『一谷報讐記』では、著者の宮川忍斎（一六四七〜一七一六、若狭小浜出身で、筑前の黒田家に伝えた軍学者）が、事件を単に紹介するだけでなく、随所で忍斎自身の評を書いていて、彼は「後日を期すへきに」と言っています。そしてこのような行為は不忠であると。確かに、主家を窮地に陥らせる行為をしたのですから、不忠です。

内蔵允にとってはよほど我慢のならない状況になっていたのかもしれません。武士の面目にかかわることだったのかもしれません。それでも、忍斎の言うように、後にすればよかった。しかし、ともかく内蔵允は刀を抜いてしまいました。

内蔵允は切腹したのか

実録物などでは、このあと、内蔵允は自宅に戻り、すぐに切腹したと書いているものもありますが、そうではない。興禅寺に残されている内蔵允の墓には「寛文八戊申四月廿二日」と彫られています。刃傷事件が起きたのは、三月二日ですから、内蔵允が死んだのは、それから二ヵ月近く経っています。

『自記』の記述を見ましょう。

家に戻った内蔵允と隼人のもとに、年寄から差し向けられた足軽頭の萱谷角左衛門（かくざえもん）が来ます。そして、「軽はずみなことはしないように。もしそのようなことをしたら、親類共の落ち度となす」と伝えます。勝手に切腹したり、あるいは親類たちも巻き込んで、内蔵允方と隼人方が私闘をしたりして、事件が大きくなることを心配して、釘を刺したのでしょう。『自記』には「親類たちで家中二つに分かれて、双方に見舞った」と書いてあります。家中が二つに分かれるほどの事件になっていたのです。

奥平家では、さらに、内蔵允、隼人双方に目付の白岩善左衛門（しらいわぜんざえもん）、木村孫兵衛（きむらまごべえ）を派遣して、傷の様子と意趣（恨み）を直接聞きます。

興禅寺の奥平内蔵允の墓（右、左は内蔵允の母の墓）

その後、内蔵允方から桑名友之丞（くわなとものじょう）と菅沼次太夫（すがぬまじだゆう）が年寄のところに出向き、手傷はたいしたことはないが、前から病になっていて、さらに余病を発して果ててしまったら残念なので、検使の者をつかわしていただき、早く切腹したいという内蔵允の意向を伝えます（「早々検使被下切腹仕度由申候」）。これに対し、江戸（江戸にいる昌能）に問い合わせているので、待てと年寄りたちは返答します。

一方、隼人方は、内蔵允のことを乱心したと申し立てています。

内蔵允はその後も「切腹させてくれ」と何度も願い出ます。これに対し、内蔵允と隼人の身柄はそれぞれ親戚に預け、昌能の跡目相続が認められ次第、早々に処分を申し付けるから、それまで待てと伝えられます。

ここにあるように、昌能の跡目相続は公儀からすぐには認められませんでした。これは先に書いた杉浦右衛門兵衛の殉死によります。

そして、内蔵允は四月二十二日、とうとう死んでしまいます。「風を引手疵より血走夜中に相果候」と『自記』は記します。風邪をひいて傷から出血して死んだというのです。

切腹したいと度々願い出ていた内蔵允、『自記』によれば、それがかなわず病死した。この『自記』の記述は、江戸時代から今日まで語られてきた通説と異なっています。この事件を扱った実録物、随筆、記録のほとんど（すべてと言っていいでしょう）が内蔵允は切腹したとしていて、これが通説となっているのです。『徳川実紀』には「内蔵允は切腹して死たり」と、新井白石（一六五七〜一七二五）の『藩翰譜』には「内蔵允腹切りて死す」と、『日本武士鑑』には「委書置、自害したりし」とあります。

また、単に切腹しただけではないというものもあります。『柳営日次記』は「内蔵丞切腹仕、隼人に指し申候」と、『一谷報讐記』は「自害して隼人に指たる義」と記します。おわかりでしょうか。これらの記述では、切腹した上に「指し」たのです。

これは「指（差）腹」を指しているという指摘があります。指腹について、歴史学者の谷口眞子氏は「何らかの遺恨によって、相手を殺害したいと思いながら、それが実現できないとき、自分が切腹し、その刀を遺恨のある相手に送ると、相手も割腹しなければならないという慣習」と説明し、内蔵允が切腹したのは「『指腹』にあたる」と言います（『武士道考』）。

遺恨のある相手を確実にあの世への道連れにできるという、相手にとっては、甚だ迷惑な慣習です。

『柳営日次記』などの記述に従えば、内蔵允の場合、「指腹」と考えられるわけです。『万天日録』にも、内蔵允が「腹ヲ切テサシケリ」とあり、これに対し、隼人は「是ヲ不請」とも書かれています。内蔵允が指し、隼人は受けなかった、つまり、切腹しなかったということです。

指腹は「幕府権力が禁止する方向にあった」(『武士道考』)ようですが、寛文の頃は、指腹の慣習はまだあったのでしょう。

ただ、指腹の前提には、内蔵允の切腹がなければなりません。しかし、『自記』に従えば、内蔵允は「風を引手疵より血走夜中に相果」たのです。切腹ではない。どちらが真実なのでしょうか。

国文学者の倉員正江氏は「浄瑠璃坂の敵討をめぐる一考察―語り継がれる敵討の変容と『さし腹』―」(『文学』)で、内蔵允が指腹をしたという話が流布していたことに関して、「武士の間でこうした見解が〝独り歩き〟した結果とも考えられる。―(中略)―敵討を成就させた源八らへの称讃から―(中略)―、討たれた隼人の卑怯な行動が強調された結果の解釈ではないか」と、また、「何より三之助自身が本件を、さし腹だと認識していないことは看過できない。―(中略)―『自記』の淡々とした記述が事実に近いのではなかろうか」と書き、『自記』の記述を根拠に内蔵允の切腹、指腹に疑問を呈しています。

実録物は、書き手、あるいは世間の判断をまじえて伝えられる傾向があり（井上泰至『サムライの書斎・江戸武家文人列伝』）、書き手も世間も、内蔵允は病死ではなく、切腹したのでなければならないという気持ちがあって、そのように書き残され、いつの間にか、それが真実と思われるようになったと考えることもできます。

内蔵允の死に関する当事者の記述——切腹していない

実際はどちらだったのか、通説は真実なのでしょうか。『自記』は嘘を書いているのでしょうか。切腹していないという確かな史料はないのでしょうか。もう少し探ってみましょう。

内蔵允の切腹について、『中津藩史』では、内蔵允は四月二十二日に自刃したが、親類・縁者はこれを聞いて大いに驚き、傷口より破傷風を惹き起こし急逝したと報告した、と書いています。嘘の報告をしたというのです。なぜ嘘の報告をしたのかは、

『中津藩史』には書かれていません。これについて『一谷報讐記』は、沙汰が出る前に、主君に背いて腹を切ってしまったので、内蔵允の身柄を預けられた親族たちが主人に咎められるのを憚って、嘘の報告をしたとしています。奥平家の『御家譜編年叢林』も同様です。「内蔵允書置致自害ス」とし、そのまま届ければ、親族たちに後難が及ぶので「疵口ヨリ風ヲ引相果候」と届けたとしています。

軽はずみなことをしたら、落ち度となすと言われていたのですから、確かに親族たちに後難が及ぶことも考えられます。沙汰を待つようにと命じられていたのに、勝手に腹を切ってしまい、主君から咎められるかもしれない、どうしようといった、親族たちの慌てぶりが伝わってきますが、親族たちはそんなに慌てるような侍たちだったのでしょうか。「内蔵允め、勝手に腹を切りおって。そのせいで自分たちが咎められたりしたら、たまったものではない。いい迷惑だ。嘘の報告をしておこう」――嘘の報告をしたということは、こんなふうに考えたということですが、後のかれらの覚悟、行動とどうも合致しません。

また、内蔵允が実際に切腹したのなら、隼人に斬られた傷が原因で死んでしまったと、嘘の報告をされた内蔵允の気持ちはどうでしょう。武士らしく切腹したのに、それはないだろうと、あの世で思ったでしょう。本当に切腹したのなら、内蔵允の名誉を重んじ、たとえ自分たちに咎が及んだとしても、親族たちはその通りに報告したのではないでしょうか。

もし切腹したのなら、川俣三之助は『自記』に本当のことを記さなかったことになります。前述したように、『自記』は敵を討ち果たした翌年に書かれました。当事者の処分も済んでいます。後述しますが、源八など中心人物は島送りになり、陰で源八に助力した奥平家の重臣も処分されました。『自記』に嘘を書く必要はなかったでしょう。あるいは、切腹したのなら「切腹したのだが、嘘の報告をした」と記せばよいはずです。

では、切腹していないというのは、『自記』にだけ書かれているものなのでしょうか。否、ほかにもありました。前出の井伊家の『侍中由緒帳』です。

仇討ちの中心となった奥平源八、夏目外記、奥平伝蔵は島送りになった後、赦免となり、彦根の井伊家に召し抱えられます。『侍中由緒帳』は、井伊家の家臣の来歴をそれぞれの家にまとめさせ、目付役に提出させて編纂したもので、その中の奥平源八家（初代）のところを見ると、源八が書いたものとして、「親病死仕候」とあります。

親、つまり内蔵允は病死したというのです。『侍中由緒帳』に夏目外記が書いて提出したものにも「内蔵丞病死仕候」と書かれています。

討ち入り事件が起きたのが寛文十二年（一六七二）、源八たちが許されて、井伊家に召し抱えられたのが延宝六年（一六七八）、『侍中由緒帳』の作成が始まったのが元禄四年（一六九一）、源八と外記が自分の由緒を書いたのは元禄十三年四月二十六日です。これだけの時間が経っていて、虚偽を書く必要があるでしょうか。切腹していたのなら、源八はその通りに書いたでしょう。元の主君だった奥平昌能も討ち入りがあった寛文十二年の七月に死んでいます。偽りの報告をしたのなら、訂正して、当初は偽ったと記しても問題はなかったはずです。まして、『侍中由緒帳』は自分の家の由緒であり、源八にとってはいつまでも残る履歴書のようなもの。しかも、後述するように井伊家には大きな恩があります。そこに偽りを記すとは考えられず、川俣三之助が『自記』に書いているように、病気になり、隼人との刃傷の時の傷が悪化して死んだと考えるべきです。

内蔵允にとっては、こちらから斬りかかって、反撃されて、相手は軽傷で、自分はその時斬られた傷が原因で死んでしまったというのは、みっともない話で、切腹のほうが武士としての名誉は保てたはずです。父のことを考えれば、源八は、父が本当に切腹したのなら、そう書くでしょう。『侍中由緒帳』で源八は「内蔵允が傍輩（隼人）と喧嘩した際、遮る人がいたので、本意を遂げられなかった」（「障人有之不遂本意候」）と書いています。状況を考えると、兵藤玄蕃が止めに入らなかったら、内蔵允は、本意を遂げるどころか、隼人と主馬允に殺されていたでしょう。もちろん、内蔵允が隼人を討つ可能性もわずかですが、ありますから、源八が嘘を書いたわけではない。この一文には、「邪魔が入らなければ父は隼人を討ちとれたのだ」と、父の名誉を保とうという源八の気持ちが読み取れるのです。そんな源八が、内蔵允は切腹ではなく、この場合、むしろ不名誉な死に方である病死したと書いた。源八は正直に「親病死仕候」と記したのです。

やはり、切腹説は、そのほうが話がおもしろいと考えた後世の作り話なのです。繰り返しますが、自分から斬りかかって、反撃され、相手は元気で自分はその時の傷で絶命するというのは、みっともない話です。伝えられているこの仇討事件は、源八たちが主役で正義、隼人は討たれる側、悪役です。事件の発端で正義のほうがみっともないのはよくない、武士らしく切腹したことにしたほうがよいという思惑が、実録物などの作り手に働いたのかもしれません。

内蔵允の気持ちはどうだったのか。自分の短慮によって主家に迷惑をかけたという意識はあったでしょう。夏目外記が勘解由に提出した「手簡写」には、「何分とも仰せ付けられ次第」とあります。自分がいけなかったのですから、言われる通りにしますよということです。そして主君昌能の指示は「切腹は待て」だった。内蔵允はその通り待った。しかし、傷が原因で死んでしまった。切腹させてくれと何度も申し出ている通り、内蔵允は切腹したかった。内蔵允が死んだのは、刃傷から二ヵ月近く経ていて、沙汰がある前に体が弱っていき、武士として病死より切腹で締めくくりたいとの思いがあったでしょう。しかし、主君の命には従わなければならない。無念だったでしょう。その気持ちを汲んで後世、切腹したとしたとも考えられます。

奥平源八家の墓（龍潭寺、滋賀県彦根市）

ちなみに、宇都宮の興禅寺にある内蔵允の墓の横にある碑（昭和五十三年に内蔵允の子孫の高山悌二氏が建立）には「憤死」とあり、また、源八の墓のある滋賀県彦根市の龍潭寺（りょうたんじ）にある平成十九年（二〇〇七）に書かれた説明文（こちらにも高山氏と、ほかに子孫として松井辰弥氏の名前があります）にも「憤死した」とあり、切腹と明記していません。また、井伊家家臣、功刀（くぬぎ）君章（宝暦（ほうれき）九年・一七五九没）が記した『井伊年譜』には刃傷で手負いとなり、「内蔵允死去」と書いてあります。

源八や三之助たち当事者の記述を素直に信じ、通説を誤りとし、切腹したのではなく、病死したとしたい。内蔵允は、病を得て、私闘の傷が悪化して（あるいは、傷が原因で以前から患っていた病気が悪化して）死んだのです。そして内蔵允の気持ちを考えれば、まさしく憤死だったのでしょう。

源八、隼人の追放――「片手落と存」

『自記』の記述に戻ります。

奥平内蔵允が死んだ時、一子源八は十二歳でした。『中津藩史』には十一歳とありますが、『自記』および源八自身が書いた『侍中由緒帳』は十二歳となっているので、これに従います。
まだ幼少だったので、夏目外記、奥平伝蔵たちが集まって、今後のことについて相談します。この時の顔触れは次の通りです（『自記』の表記順）。

夏目外記
奥平伝蔵
兵藤玄蕃
兵藤主殿
桑名友之丞
桑名頼母
奥平惣兵衛
桑名源左衛門
桑名三七
菅沼次太夫

生田弥左衛門
奥平五郎右衛門
夏目三左衛門
夏目佐中
榊原儀兵衛
細井又左衛門
滝川喜左衛門
風見四郎左衛門
稲生嘉兵衛
細井嘉兵衛
武居伝兵衛
大内十太夫
川俣三之助

相談の結果、源八側では夏目三左衛門（なつめさんざえもん）、奥平五郎右衛門（おくだいらごろうえもん）によって「隼人切腹被申付候様に」というように、隼人に腹を切らせてほしいと、奥平家の年寄に願い出ます。喧嘩相手の一方が死んでいるのだから、もう一方は腹を切れという理屈です。喧嘩両成敗ということです。この願い出は度々行われましたが、答えは、昌能の跡目相続が公儀から仰せ付けられたら処分を申し付けるから、それまで待てというものでした。

そして寛文八年（一六六八）八月三日になってようやく昌能の跡目相続が認められます。取り潰しは免れたのです。といっても、そのまま認められたわけではありません。『寛政重修諸家譜』では、次のように説明しています。

杉浦右衛門兵衛が禁を犯して殉死したことは、昌能においてもその罪は軽くない。厳しい沙汰が下されるべきだが、代々の忠勤と忠昌が家綱の幼少の頃から仕え、しかも徳川家とは外戚関係にあるという理由で罪が軽くなり、宇都宮十一万石から二万石を削り、山形九万石へと所替えとなった。

翌四日、殉死した杉浦右衛門兵衛の息子二人が斬罪、女婿二人が追放となりました（「奥平が殉死の臣杉浦右衛門兵衛が男子二人は斬に處し。聟二人。外孫ともに追放たる」『徳川実紀』）。

昌能の跡目相続が認められたので、隼人と源八の処分もようやく決められます。九月二日、源八方の兵藤玄蕃と奥平伝蔵、隼人方の奥平武兵衛（おくだいらぶへえ）と逸見三郎兵衛（いつみさぶろべえ）を江戸に呼び、源八、隼人両家の追放が言い渡されます。同日、宇都宮でも双方に同じことが伝えられたと『自記』には書いてあります。

源八、隼人共に同日の夜に宇都宮を立ち退いています。

喧嘩の一方が死んでいるのに、もう一方は追放で済んだ。隼人は生きている。源八側には不満が残ったでしょう。『自記』は「源八方にては片手落と存」と記していま す。これは源八と彼に助力した者たちの共通の思いであり、仇討ちの動機です。源八たちが「片手落」と思ったのは、喧嘩両成敗が履行されなかったからです。

喧嘩両成敗とは、喧嘩の当事者双方を、理由のいかんにかかわらず共に処罰するという考え方です。

歴史学者の山本博文氏は、「武士の喧嘩は、双方とも罰せられることになっていた。この喧嘩両成敗法は、甲斐の戦国大名武田信玄の分国法（信玄家法）などに見られるように、戦国時代に成立し、統一政権のもとで『天下の御法』としての地位を確立した」(『切腹　日本人の責任の取り方』)と書いています。

「信玄家法」には「喧嘩之事。不及是非可加成敗」とあります(『群書類従』)。「喧嘩をしたら、理由はどうであれ、成敗する」というのです。このような考えは、江戸時代に入っても受け継がれていました。

歴史学者の三浦周行(ひろゆき)(一八七一―一九三一)は、この事件の後の元禄時代に起きた赤穂浪士の討ち入りについて論じる中で、「当時(元禄の頃=著者)は喧嘩両成敗といっていた―(中略)―喧嘩両成敗では死罪を意味している」とし、「不文の刑法として存在しておった」と書いています(「赤穂義士」『新編歴史と人物』)。前出の井上忍斎も「喧嘩両成敗は天下の御議定」と記しています。

また、八代将軍徳川吉宗(よしむね)の信任を得た儒学者、荻生徂徠(おぎゅうそらい)(一六六六―一七二八)は、吉宗への意見書、『政談』で「喧嘩両成敗は、今の世の定法であり、聖人の道に叶っている」と言い、「喧嘩で相手を切り殺したら、その殺した者も切腹して、両成敗となるのは当然のことである」、「喧嘩両成敗を法として立てておくからには、傷を負った者を生かしておいて、その罪を詮議する必要はない。罪を詮議するということは、理非をはっきりさせるやり方である。両成敗は理非をはっきりさせないやり方である」と言っています。

理非がどうなのか、つまり道理にかなっているかいないかは問題ではなく、とにかく両成敗なのです。内蔵允と隼人が喧嘩をした時代も、このような形で、喧嘩両成敗が認められていたと言えます。

源八たちは、この「不文の刑法」が履行されず、隼人が生きていることを「片手落」ととらえたのでした。

自ら禄を捨てる

源八が立ち退いた時、行動を共にしたのは、夏目外記、細井嘉兵衛（ほそいかへえ）、細井又左衛門（またざえもん）で、同日、源八たちは、隼人が宇都宮を立ち退く際に追いかけて討ち取ろうとしたが、引き延ばしたと、『自記』は書いています。

隼人に切腹が命じられなかった段階で、仇討ちをすることにしたのです。しかし、源八方の中心人物の兵藤玄蕃や奥平伝蔵はまだ江戸にいる。また、宇都宮で騒動を起こしたのでは、奥平家に災いが及ぶと考えたのかもしれません。『一谷報讐記』では、源八方の人物である桑名友之丞が、「御家中騒動して、いよいよ御家の御為にならない」と言って止めたとあります。これは実録物であり、実際に友之丞が言ったかどうかはわかりませんが、源八方にそのような判断があったことは、想像に難くないことです。

兵藤玄蕃、奥平伝蔵が九月六日に江戸から戻り、十二日、伝蔵、玄蕃と玄蕃の息子の主殿、菅沼次太夫、生田弥左衛門、同久五郎、同伝七、同与四郎、三輪庄兵衛、上曽甚五右衛門が宇都宮を立ち退きました。庄兵衛、甚五右衛門は今後のことを相談した際にはいませんでしたが、玄蕃が立ち退いたので、彼の組子の中からこの二人も行動を共にしました（「玄蕃立退申候に付組子之内より右両人立退候」）。

追放となったのは源八と隼人だけです。ですから、これらの人は自ら禄を捨てたのです。

源八の味方についた面々と、内蔵允および源八との関係は、前述したように『自記』には書かれていません。前述のように夏目外記は大身衆の夏目勘解由の子で、『柳営日次記』によれば、内蔵允は勘解由の婿で、外記は内蔵允の小舅。奥平文書『御家譜編年叢林』に従えば、奥平伝蔵は内蔵允の従弟で、幼少の頃から内蔵允の世話になって育ったとあります。『柳営日次記』『万天日録』では内蔵允の甥、源八の従弟と書いてあります。いずれにしても、内蔵允と何らかの親戚関係にある者が源八と行動を共にしたことは間違いないでしょう。平出鏗二郎（ひらでこうじろう）は、「江戸時代の初世には、一家親族が協力して敵討をする風がある。戰國時代の武士に一家一類が生死存亡を共にした風が、存して衰へなかつたのでありませう」（『敵討』）と書いています。内蔵允の親族の行動はこれに当てはまります。また、源八らは、ほかにそれぞれの家来、中間（ちゅうげん）も連れています。

　注目しておきたいのは、夏目外記や奥平伝蔵などはなんらかの親戚関係があるから、源八の助太刀をするのはわかりますが、そうでない者も加わっている点です。今後の相談の時から名を連ねている、『自記』の著者の川俣三之助（かわまたさんのすけ）や大内十太夫（おおうちじゅうだゆう）、武居伝兵衛（たけいでんべえ）などは、仇討ちが終わるまで常に伝蔵のもとで行動していることから、伝蔵の組子と考えられます（『万天日録』では「頼子」と表記）。もともと奥平家から禄をもらっている者で、三之助たちは伝蔵の組下にいるだけです。源八と血のつながりがあるわけでもなければ、源八の家来でもない。無理に禄を捨て、命をかける必要はなかった。源八の家来は内蔵允から扶持をもらっていたので、付いてくる気持ちはわかります。しかし、後述するように、上山での奥平主馬允との戦いや江戸での奥平隼人との戦いには、源八の家来でない組子や他の者の家来、中間も加わっています。彼らには源八に与しなければならない理由はないでしょう。特に中間は、単にそれぞれの主人に雇われていただけで、侍でもない。命をかける必要はないのです。

三田村鳶魚はこれについて、「寄子（組子＝著者）と申すと、君公からお預かりの人で、自分の家来ではない。そういう人が加担している。あとは源八の召仕で、扶持と給金を貰うだけの軽い人達、その給金取りが五人、中間が二人いる―（中略）―中間といえば全く給金のもので、名字もなければ、帯刀もしない、袴も穿かないものである。―（中略）―それ（源八の中間らが命をかけたこと―著者）よりも凄じく思うのは、外記の召仕、扶持給金のものが三人、外記の中間が一人、伝蔵の給金のものが三人、これらは自分の主人というのではありません。自分の主人の縁類を応援に行ったので、自分の主人がそのことに義理を立てられる、その義理にまたからまって、ここへ出て来たのである」（「横から見た赤穂義士」）と言っています。

組子も家来も中間もみんな義理で命をかけたと鳶魚は見ています。

あるいは、内蔵允に人望があり、隼人は嫌われていたとしたら、それも一因と考えられます。ちなみに、川俣三之助は自らの志で助力した（「私之志を以見次候」）と『自記』に書いています。

また、親戚で源八に味方した者や組子たちは、新しい主君である昌能を仕えるに値しないと思ったのかもしれません。昌能には暴君を思わせる逸話が残っています。

興禅寺での刃傷事件が起きる五年前の寛文三年、昌能が川釣りをしていたところ（宇都宮城の東を流れる田川でしょう）、川の水が濁っていて、魚があまりとれなかった。おかしいと川上を家臣に調べさせると、山伏数人が水垢離（みずごり）をしていた。それを聞いた昌能は、領主の遊猟を乱すものだと激怒し、先達（せんだつ）（先導者）の浄海と宗海の二人を捕らえ、「修験に練達した者の血は白いという。試してみよう」と家来に斬り殺させました。さらにこれに恨みを持った弟子たち九人も、後に殺したというのです。このように粗暴な性格だったので、世間では昌能を「荒大膳」と称しました。

また、杉浦右衛門兵衛が殉死したのも、昌能に「お前、まだ生きているのか」と言われたためという話もあります。

いずれも『中津藩史』に記されている逸話ですが、このようなことが本当だとしたら、仕えるに値しないと思った者がいても不思議ではありません。

松崎尭臣と湯浅常山が書き残した逸話

ここで松崎尭臣（一六八二―一七五三）の『窓のすさみ追加』に書かれている話を紹介しておきます。松崎は丹波篠山の青山家の家臣で儒者。同じ儒者の細井広沢（一六五八―一七三五）が語ったこととして記したものです。細井は赤穂浪士の堀部安兵衛と交流があったことで知られています。

同書によれば、源八（本文では「奥平傳八」となっています）の仇討ちに加わった一人に稲葉丹後守の家臣の娘を妻にしている者がいたと言うのです。残念ながら名前は書かれていません。稲葉丹後守は当時老中を務めていた稲葉正則の長男の正通でしょう。

この武士は奥平家の禄を離れ、源八一党に加わり、源八の成長を待ち、その間、妻を実家に預けました。そして、ある時、その妻のもとにやってきて、「思うところあって離別するから、再婚して親の迷惑にならないようにしなさい」と言うのです。

これに対して妻は、長年睦まじく過ごしてきたのに、急にそのようなことをおっしゃるのは、大志があるからでしょう。そうでなく、意味もなく、暇を言いつけられては、親に申し訳がたちません。どうか訳を言ってくださいと、懇願するので、夫も隠し切れず、「五三年中には大事に及ぶべし、その時は討死又は刑罰に逢ふべし」、三、五年のうちには仇討ちを決行する、その時は討死するかもしれないし、罰を受けるかもしれないと打ち明け、あなたはまだ若い、いつまでも一人で親の世話を受けるというのは痛ましく、こう言うのだと説明します。

　これを聞いた妻は、部屋に入って元結の際から髪を切り落とし、仇討ちがうまくいき、またお会いできるまで、この髪の手入れはいたしませんと誓い、泣く泣く別れました。

　そして年月を経て、仇討ちが行われ、この武士もよく助太刀をし、妻のもとにやってくると、元結の間から髪は伸びたままで、元結もそのままだったとのことです。

　これとまったく同じ話を、備前岡山の池田家家臣で儒者の湯浅常山（一七〇八―一七八二）も『常山紀談』に書いています。『窓のすさみ追加』では稲葉丹後守としか書いてありませんが、『常山紀談』では稲葉丹後守正通と書いてあります。また、源八のことを『窓のすさみ追加』では「傳八」と誤っていますが、『常山紀談』では「源八」と正しい表記になっています。

この話が本当かどうかはわかりません。細井広沢は、「貞節の婦人なり」ということで語ったとありますから、儒者として、貞節の手本になる逸話なので松崎堯臣に語り、堯臣も同様の目的で書き残したのでしょう。いずれにしても、一七〇〇年代にはこのような話が残っていたということは確かで、『自記』には仇討ちに加わった者たちの家族についてあまり触れられていませんが、実際、それぞれこれに類する親子、夫婦の別れがあったと想像できます。『侍中由緒帳』に源八が書いたものによると、源八が後に遠島となり、伊豆大島で生活していた間、その母と祖母に井伊家が時服を与えたようで、ここから、源八の母と祖母が生きていたことがわかります。

また、後に書きますが、仇討ち後、川俣三之助、大内十太夫、武居伝兵衛の三人は、稲葉家に召し抱えられます。松崎堯臣が書き残した逸話が事実なら、ここにある武士は、この三人のうちの一人かもしれませんし、このような伝があって、三人は召し抱えられたのかもしれません。

第一章のまとめ

寛文八年(一六六八)二月十九日、下野宇都宮十一万石の城主、奥平忠昌が死去。

三月二日、宇都宮の興禅寺で二七日の法要が行われました。その場で、奥平家の重臣である奥平内蔵允が、同じ重臣である奥平隼人に斬りかかり、隼人が反撃。隼人の弟、主馬允も内蔵允に斬りかかり、内蔵允と隼人が傷を負いました。従兄弟同士の二人は以前から仲が悪く、文字の読み方でもめて、それをきっかけに刃傷に及んだのです。

時悪しく、幕府が禁じていた殉死を忠昌の家臣がしてしまい、奥平家の跡継ぎの昌能は逼塞を命じられていて、跡目相続も認められていませんでした。そのような状況の時に、家臣がまた不祥事を起こしてしまったのです。

家中は、内蔵允派と隼人派に二分し、事態が悪化するのを恐れた奥平家では、軽はずみなことはしないように、もしそのようなことをしたら親族の落ち度とみなすと、双方に指示を出しました。

内蔵允は、以前から病があり、余病を発して死ぬ前に切腹させてほしいと、何度も願い出ますが、昌能の跡目相続が幕府から認められるまで待てと命じられます。そして、四月二十二日、内蔵允はとうとう切腹……。この「内蔵允は切腹した」というのは、江戸時代から今日まで通説となっています。しかし、これは誤りで、内蔵允の子、源八が後に自ら記したものにも、仇討ちに加わった一人、川俣三之助の記録にも、切腹したとは書かれていず、内蔵允は、風邪をひき、隼人に斬られた傷から出血して死んだのです。本人は切腹したかった。しかし、待てと主家から命じられ、待っている間に無念の死を遂げたのでした。

寛文八年八月三日、奥平昌能の跡目相続が認められ（減封の上、羽州山形へ転封）、九月二日に源八と隼人に処分が下されます。両者共に追放です。

隼人には切腹の沙汰が出ませんでした。喧嘩両成敗ではなかったのです。これを「片手落」と感じた内蔵允の親族やその組子たちが、源八を後見し、隼人を討つべく、奥平家の禄を捨てます。

第二章　山形・上山での決闘

深沢村

さて、宇都宮を立ち退き、浪人となった奥平源八、夏目外記、奥平伝蔵はどこへ行ったのでしょう。

彼らは、寛文八年（一六六八）九月十二日、宇都宮から東南に三〇キロほどの深沢村（栃木県芳賀郡茂木町）に移ります。ここは「大關信濃守様御知行所」（『自記』）です。

深沢村は、現在の真岡鐵道茂木駅から車で二十分ほどのところで、当時、下野黒羽（栃木県大田原市）の大関信濃守増栄（一六三九―一六八八）一万八千石の領地でした。増栄の代の寛文四年の大関家の領地目録（『茂木町史』）では、領地の大半（約一万四千三百石）が黒羽のある那須郡にあり、他（約三千七百石）が芳賀郡の村で、その一つに深沢村がありました。文化年間（一八〇四―一八一八）に黒羽の殿様、大関増業（一七八二―一八四五）が、領内のことを調べてまと

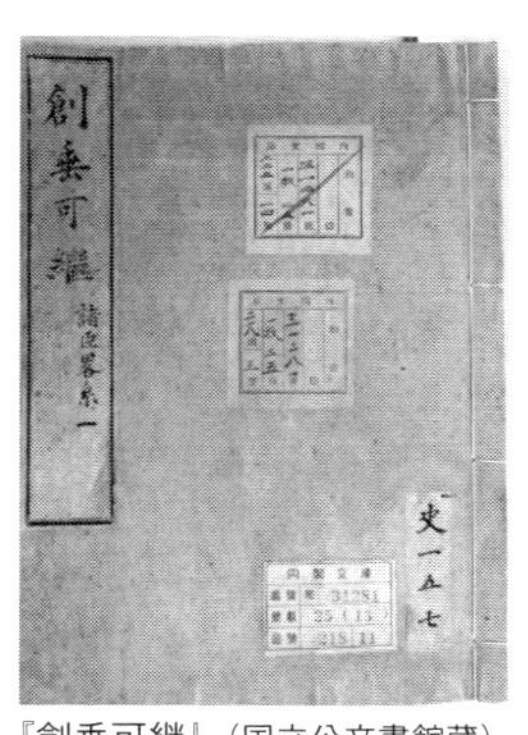
『創垂可継』（国立公文書館蔵）

めた『創垂可継』によれば、約二百八十石でした。

大関家の陣屋がある黒羽は栃木県の北東部に位置していますが、深沢村は栃木県南東部、黒羽とは離れたところにあり、飛地領で、大関家家老の浄法寺氏の知行地でした（「寛文年中物給人知行高所付」『黒羽町誌』）。

たとえば、「大関信濃守殿に引取られ、其領地那須の黒羽に赴きける」（『武野燭談』）、「大関信濃守増栄ノ知行ノ黒羽ニ有テ」（『玉滴隠見』）というように、源八たちは黒羽に住んだとするものもありますが、これは間違いです。大関家の領地に住んだということから、誤解が生じたのでしょう。

　ではなぜ大関家の領地、しかも飛地領の深沢村だったのか。

『自記』では何も説明されていません。ほかの文献を見ると、『武野燭談』では「由縁ありて」しか書いていません。少し詳しいのが『柳営日次記』です。ただここでは「久世土佐守」に頼ったとし、その理由は外記の父の勘解由が「先土佐守殿親兄弟」だからだとしています。「親兄弟」とは親戚関係ということでしょうか。ただ、ここの「久世土佐守」は、そのような人物はいませんから、おそらく大関土佐守増親の誤りでしょう。あるいは、「先」とあるので、増親の父の土佐守高増かもしれません。いずれにしても、親戚関係という程度で曖昧さは残ります。

　夏目勘解由が大関家と親戚だという説は現代でもあります。『設楽原歴史資料館研究紀要』の「新城宮脇夏目家と浄瑠璃坂の仇討ち」（山内祥二）を見ると、夏目勘解由は大関増親の娘を妻としていて、その関係で深沢村に行ったと書いてあります。

夏目勘解由は、「下野国黒羽藩大関増親の娘を妻としている。―（中略）―夏目勘解由吉治の室及び夏目外記の母は大関信濃守増親（増親は信濃守でなく土佐守＝著者）の娘ということから、深沢村での源八たちの隠遁生活と治安は黒羽藩の庇護があったと推測される」というのです。

ただ、この説には疑問があります。その話をする前に、参考までに寛文前後の大関家の系図を見ておきます。源八たちが深沢村に入った頃の増栄の三代前が政増で元和二年（一六一六）に二十六歳で卒。その子、土佐守高増は正保三年（一六四六）に三十六歳で卒。後を継いだ土佐守増親は寛文二年（一六六二）に二十八歳で死んでいます。増親に嗣子はなく、弟の増栄が受け継ぎ、元禄元年（一六八八）に五十歳（『寛政重修諸家譜』による。『藩翰譜』では五十二歳）で亡くなっています。

増親の生没年は一六三五年から一六六二年。外記の年齢は『自記』には書いてありませんが、「両人も若く候」（外記と伝蔵）という記述がありますから、おそらく二十歳代です。『万天日録』には討ち入った寛文十二年に二十六歳となっていますので、かりにこれで計算すると、生まれたのが一六四六年。増親が十一歳の時です。増親に娘がいたとしても、その娘が外記を産んだというのはありえません。また、増親が二十歳で娘をつくったとして、その娘がかりに十七歳で勘解由のところに嫁いだとすると、一六七二年。討ち入りの時に外記が生まれることになります。

かりに「信濃守」の記述が正しく、増栄だったとしても、増栄には女子が二人いましたが、『藩翰譜』によれば、一人は早世し、もう一人は「伊丹左京勝守の室　離別神保織部に嫁す」とあり、夏目家とは関係ありません。

どうも決定的な説とは言えないようです。そこで、さらに調べてみると、一九九一年で刊行が終わった栃木県の郷土史の雑誌『下野歴史』（下野歴史学会）に、「浄瑠璃坂仇討の一考察」（大宮司克夫）という論文があり、それによると、大関家の家老を務めた浄法寺茂明の娘が、夏目勘解由に嫁していて、親戚関係にあり、それで便宜をはかってもらったとありました。

茂明は主君の大関政増の娘を妻にしていて、大関家の重臣中の重臣。浄法寺家としては、娘の嫁ぎ先の夏目家の頼みなら、自分の知行地に住まわせるくらいはしたでしょうし、大関家の家中から文句があったとしても、抑えられたでしょう。

大宮司氏は大関増業の『創垂可継』の「諸臣系畧」の浄法寺氏の系図からこの発見をしました。実際に同書（国立公文書館蔵・写本）を見てみると、浄法寺茂明のところに、長男高政のほかに女子が二人いて、その一人は「奥平家臣夏目勘ヶ由の妻」と記されています。深沢村は勘解由の妻、つまり、外記の母の実家の知行地だったということです。

ちなみに、浄法寺茂明の妻は大関政増の娘ですから、外記が浄法寺茂明の娘の子だとしたら、大関政増の娘は外記の祖母となり、夏目家は大関家と血のつながりがあり、その意味で「由縁ありて」という説明は間違いではないでしょう。

ともかく、このような伝を利用して、源八たちは深沢村に移りました。林業が盛んな村で、また、寛文二年の検地では百姓は二十六人いたようです（『角川日本地名大辞典』）。そのような中に武士が何人も移り住んだのですから、目立ったことでしょう。

この段階では『自記』を書いた川俣三之助は、まだ奥平家を致仕していません。前述したように、三之助は伝蔵の組子で、同様に大内十太夫、武居伝兵衛も伝蔵の組子ですが、この三人は、最初は伝蔵と行動を共にしませんでした。伝蔵と一緒に奥平家を立ち退いたら、奥平隼人がこの三人も警戒して、居所を探しにくくなると考え、少しだけ時をおいて、病のため、奥平昌能の山形への所替えの供ができないという理由を付け、暇を願い出て、九月十九日になって宇都宮を立ち退きます。この三人は隼人を狙う仲間ではないと見せかけたのです。伝蔵と示し合わせての行動でした。

さて、源八たちは、深沢村では法幢寺（ほうどうじ）という寺を拠点に周辺の家にやっかいになりました。どんなところなのか、行ってみました。茂木駅から法幢寺までのバスはなく、町が運営するデマンドタクシー「めぐるくん」というものがあり、それに乗って、低い山と田んぼの中を走ると、寺へ通じる細い道があり、そこに入るところには、「史跡　忠臣蔵の模範となる浄瑠璃坂（江戸）の仇討準備の地　法幢寺」という目立つ案内がありました。案内の矢印に従って道を進み、細い川を渡ると、すぐに法幢寺につながる緩い上り坂の下に到着。「めぐるくん」を降り、坂を上り、途中左に少し入ると、仇討ちの後、源八らが法幢寺にお礼

法幢寺（茂木町大字深沢）

法幢寺の案内板

に訪れた際の碑があります。碑の説明には、「仇討成功後十五年、貞享四年（一六八七）仇討側の中心人物、奥平源八、奥平権平、夏目外記等が深沢を訪れ、お礼に寺院へ石段を寄進したことを記した碑である」（茂木町教育委員会）とあり、碑には源八ら三人のほか、深沢村の名主、法幢寺の住持、大工の名が刻まれています。

この碑は一九七〇年代頃まで地元の人にも忘れられていました。郷土史家の徳田浩淳氏によれば、「茂木町深沢の桜井義孝氏が『法幢寺の入り口のがけ下の竹やぶに、何か分からないが、石碑らしい物があるので調べてほしい』と言って来られたので、出向いてみた」（『興禅寺物語』）ところ、源八たちが石段を寄進した時のものだと判明したとのことです。それまで、三百年近く、何の碑かわからず、竹やぶに埋もれていたわけです。ともかく、源八たちは深沢村の法幢寺を拠点としたことは間違いないでしょう。

碑にある「奥平権平」は、徳田氏によれば、奥

法幢寺（石段寄進記念碑）

平伝蔵のことのようです（根拠はわかりません）。

坂に戻り、上りきったところに、至徳三年（一三八六）開基（『角川日本地名大辞典』）の臨済宗の法幢寺の寺門があります。振り返ると、深沢村が見渡せます。前には先ほど渡った川が流れています。隼人たちの襲撃を想定して、ここを選んだのかもしれません。

源八たちは、ここを拠点に十月に入って行動を開始します。隼人の居場所を突き止めることです。

それにしても、隼人を討つことは当初から決まっていたわけですから、隼人が宇都宮を追放となってから、後を追うということはしなかったのでしょうか。仇討ちの場合、敵の居所を探すのが大事業となります。隼人は一人逃げ回っていたわけでなく、父の半斎、弟の九兵衛と行動を共にしていて、家来たちもいたはずで、目立ったでしょうが、隼人を見逃しています。不手際と言えるでしょう。

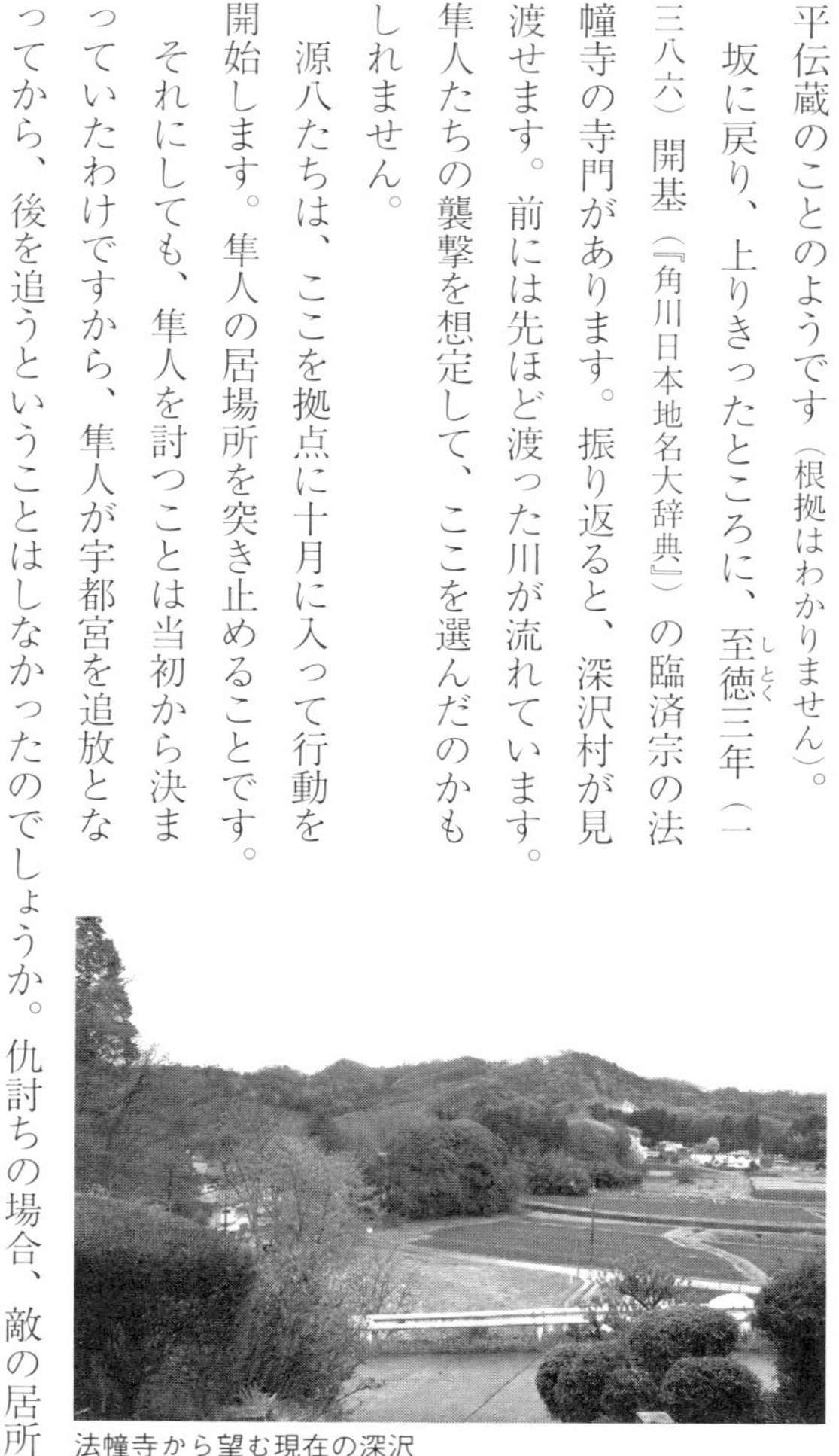

法幢寺から望む現在の深沢

『自記』は、この間の隼人の動向については何も書いていません。三之助たちにはわからなかったのだから当然です。一方、『中津藩史』には、奥平昌能が、源八たちに隼人が討たれることを憂慮し、昵懇の間柄の壬生の三浦志摩守に保護を依頼したと書いてあります。壬生は宇都宮の南に位置し、三浦志摩守安次（一六三三―一六八二）が治めていました。そして、源八側が壬生の城下に火を放つという話を流し、それを聞いた隼人が壬生を出ることにし、安次は信州高島の「諏訪因幡守（忠晴、一六三九―一六九五）に身を避くべし」と、隼人を高島に送ったとしています。火を放つという噂を流し、隼人を壬生から追い出すなど、どうも物語めいていますし（藤吾村庄屋手記『寛文復讐記』も同様に壬生から高島に行ったと書かれています）、実際にそういうことをしたのなら、『自記』に書いてあるはずです。

さて、『自記』によれば、隼人の探索は川俣三之助、大内十太夫、武居伝兵衛が担います。三人は十月中旬江戸に出て、三之助と十太夫は富沢町に、伝兵衛は京橋に住んで、隼人の居所を探します。江戸には隼人の縁者がいて、そこを頼るだろうと考えたのです。十一月の初めには奥平伝蔵も江戸に出て、京橋に住みます。三之助と十太夫、伝兵衛は伝蔵の組子ですから、四人は気心の知れた仲でした。四人は風体を変えるなどして探しますが、見つからない。伝蔵は一度深沢村に戻り、再び江戸に来て、尾張町（今の銀座あたり）、茅場町などに忍んで、隼人の縁者、「水野小左衛門様大久保右衛門八様蜂屋七兵衛様」の門前を見張りました。

この三人は、『寛政重修諸家譜』にあり、水野小左衛門（守正）は五百石の旗本で、大久保右衛門八（忠重）も当時五百石の旗本。蜂屋七兵衛（定吉）は七百石の旗本です。彼らが奥平隼人とどのような関係にあったかは定かではありません。『自記』が記すように、なんらかの縁があったのでしょう。

伝蔵たちはこの三人の屋敷を監視しましたが、隼人の居所はわかりませんでした。その後も三之助、十太夫、伝兵衛は江戸に残り、十二月末まで探し、わからずに深沢村に戻り、正月（寛文九年）になり、今度は夏目外記が江戸に出向いて探します。それでも、隼人の所在はつかめず、空しく帰ったとあります。二月中旬から十太夫がまた江戸に出ます。四月中旬からは伝蔵と三之助が合流して探しますが、隼人たちの居所はつかめませんでした。

主馬允、動く

寛文九年（一六六九）五月、動きがあります。内蔵允に一太刀浴びせ、大身衆の萩家に養子に入っていて、今回の事件での咎もなく、昌能に従い、山形に移っていた主馬允が、暇を取るという知らせが入るのです。源八たちはその可能性を考えていました。兄隼人が追われている。父や弟の九兵衛も一緒で、自分だけのんびりとしているわけにはいかないと、主馬允が考え、隼人と連絡を取り合い、合流するものと予想し、山形の同志に主馬允の動きを監視するよう頼んでいたのです。

実は源八方では、昌能が山形に行く際、同志のすべてが禄を捨てたわけではありません。隼人から主馬允になんらかの接触があることを考えてでしょう、同志の何人かは、山形に行き、昌能に仕えていました。

その一人、菅沼七左衛門が、同十郎左衛門が江戸に上る際に同志への書状を託します（この二人の関係は記されていませんが、名前から兄弟かもしれません）。その書状には、主馬允が湯治の名目で暇を願い出たこと、隼人から連絡があって、主馬允を江戸へ引き取って、それからどこかの城下に隠れるということ、この二点が記されていました。隼人はやはり江戸にいたのです。

ちなみに、『柳営日次記』には主馬允が暇を願い出ることに決めた理由として、源八たちが主馬允の屋敷を焼き討ちするという話を聞き、そんな騒ぎになったら主家のためにならないと主馬允が考えたからとあります。前述した、源八たちが壬生の城下に火を放つ噂を流したという話と似ています。「浄瑠璃坂の仇討ち」事件に関して、このような放火説が流布していたのかもしれません。

菅沼七左衛門からの知らせが、五月五日、菅沼十郎左衛門によって、その時江戸にいた伝蔵、三之助、十太夫のところに届けられ、伝蔵たちはすぐに江戸を発つ仕度にかかります。

ちょうどその時、伝蔵のところにやってきたのが平野左門（ひらのさもん）。『自記』によれば「伝蔵従弟」で、十四、五年前に浪人となって江戸に住んでいました。

この平野左門について、『中津藩史』では源八が追放となった時、一緒に禄を捨てた面々の一人と紹介されています。一方、『万天日録』は『自記』と同じで、「十四五年以前ニ大膳亮殿ヲ浪人」し、伝蔵の親戚だったと書いてあります（ただし、十四、五年前は、大膳亮（だいぜんのすけ）ではなく、美作守忠昌（みまさかのかみただまさ）の代）。また、夏目外記の親戚とするものもあり、諸説ありますが、次の『自記』の記述からも、伝蔵の従弟が正しいでしょう。

下野国には海がないので、日光海道と甲州海道を日光道中、甲州道中とする触れを出し、「道中」も使われましたが、世間ではそれ以降も主に「海道」が使われていたようで、天保（一八三〇〜）の頃から「海道」と「街道」が逆転し、「街道」が主流となりました（山本光正「海道・街道と交通路の名称」『逓信総合博物館研究紀要4』）。喜連川は宇都宮から三つ目の宿です。

喜連川で落ち合った顔触れは、奥平伝蔵、平野左門、白川八郎左衛門、生田市郎兵衛、菅沼十郎左衛門、川俣三之助、大内十太夫、武居伝兵衛。翌日は、さらに三つ先の宿の鍋掛宿の先、寺子村まで進みます。ここで深沢村から夏目外記が合流、さらに宇都宮にいた菅沼次太夫、菅沼五郎兵衛（伝蔵従弟）、生田弥左衛門親子（久五郎、伝七、与五郎＝『自記』は与四郎とも表記）が来て、計十五人が八日から十六日まで寺子村に滞在しています。

この間、九日には武居伝兵衛が一人、羽州方面に向かいます。物見のようなものでしょう。主馬允を見つけ次第、付けてくる手筈で、また、山形から寺子村までの道筋で江戸へ抜ける横道を数ヵ所書き留めるという役目を担いました。伝兵衛は奥州街道を進み、福島宿の次の瀬上宿まで行きました。瀬上宿の次の桑折宿は山形へ向かう羽州街道に分岐するところです。伝兵衛はその手前まで行き、主馬允とは出会わず、十三日に寺子村に戻ります。

この一連の動きから想像するに、主馬允が山形を出て、江戸に向かうという情報が入り、伝蔵たちは寺子村で待ち受け、主馬允を討ち取ろうと考えたのでしょう。山形から江戸へ出るのに、羽州街道から奥州街道に出て、南下するのが通常の経路で、その途中で討ち取る算段だったのです。寺子村は大関家の知行地（「寛文四年　黒羽藩の領地目録」『茂木町史』）。何かあった時、融通がきくと考えたのでしょうか。

情報を得てからの伝蔵たちの行動は迅速でしたが、どうやら、主馬允がいつ山形を出るのか、あるいは出たのかという情報は曖昧のまま行動したようです。実際、主馬允はまだ山形にいて、伝蔵たちは、結局、十六日まで無為に過ごすことになり、伝蔵は三之助、十太夫、伝兵衛と打ち合わせをし、「このように大勢で待ち受けていると知れば主馬允も出てこない」と一時解散することにします。

そして五月二十日、伝蔵たちは再び動き出します。まず深沢村にいた伝蔵、三之助、十太夫、伝兵衛が若党二人、中間一人を連れ、合わせて七人で、今度は直接山形に向かいました。主馬允はまだ山形にいるとの知らせがあったと考えられます。二十四日に着いた一行は、城中の菅沼七左衛門宅に二十九日まで逗留、主馬允がいつ山形を出るかを探ります。伝蔵はここで桑名友之丞（くわなとものじょう）と打ち合わせをします。これも同志で、友之丞、同頼母（たのも）は源八たちが宇都宮を出た時、行動を共にせず、昌能の家臣として残り、山形にいたのです。前述したように、同志全員が奥平家を致仕しては、主馬允の情報、ひいては隼人の情報を得るのがむずかしくなると考え、菅沼七左衛門や桑名友之丞たちを残しました。『万天日録』には、友之丞は大身衆の一人、桑名主水の弟と書かれています。これは『中津藩史』にある桑名主米（もとめ）のことでしょう。『柳営日次記』には、求馬とあります。『中津藩史』によれば、桑名主米は寛文七年に大身衆（たいしんしゅう）になっていて、俊敏卓識で知られ、「奥平に過ぎたるもの二つあり桑名主米に白鳥の槍（奥平忠昌が徳川家康から拝領し、奥平家の家宝となったもの）」と言われたそうです。頼母は友之丞の子で、さらにその下に三七という子もいます（『一谷報讐記（いちがやほうしゅうき）』のように、頼母を友之丞の弟とするものもありますが、後に隼人宅に討ち入る際、ほかの者が徒歩なのに、友之丞は乗物（駕籠）に乗って移動している点、頼母は影武者のように、髪を元服前の源八と同じにしている点などから、兄弟というより、親子と考えたほうがよいでしょう）。

夏目勘解由や主米は、大身衆の立場からか、表面上は源八一党に加わらず、子や親族に加わらせ、ひそかに源八たちを助けていたのです。

伝蔵たちは五月末まで山形に忍んで、六月一日、山形を出て、「上野山に出湯」があるので、「湯治と偽」、七日まで逗留します。「上野山」は現在の山形県上山(かみのやま)市のことです。山形市の南に位置し、山形城下から羽州街道を南下したところにあり、当時は土岐(とき)家の城下で、温泉地でもあります。

伝蔵は、主馬允の隣に住んでいる桑名友之丞に主馬允の動静を監視してもらい、書状で連絡を取り合っていたのですが、どういう理由かは書かれていませんが、伝蔵たちは、上山を追い立てられ、上杉家米沢(よねざわ)領の赤湯(あかゆ)（山形県南陽市）に移ります。ここも温泉地として知られたところで、主馬允が山形城下から出てきたら、すぐに対応できる距離です。

「此時、奥平源八、夏目外記、奥平伝蔵、桑名友之丞、弟頼母、彼是五人、米沢領の阿賀湯（赤湯の間違い—著者）に湯治して居たりしか」（『一谷報讐記』）というように、実録物などでは、たまたま湯治に来ていたとするものもありますが、伝蔵たちがのんびり湯治などを楽しむはずがありません。湯治と偽って主馬允の動きを探っていたのです。

ここには湯治宿がなく（もともとなかったのか、あるいはあいた宿がなかったのか）、土蔵に泊まります。そして十五日、江戸にいた平野左門が合流します。

伝蔵たちはここで主馬允が山形を出るのを待つ。しかし、主馬允はなかなか動きません。心配した夏目外記が六月二十七日に深沢村から上山にやってきます。やはり湯治と偽り逗留しますが、五、六日で伝蔵たちと同様に「被追立」、一時山形に忍んで、七月十一日に赤湯に来て、伝蔵たちと合流しています。そして今度は赤湯も出なければならなくなります。赤湯町名主から「十六日には馬町に上杉家の侍がやってくるから、その前に出ていってくれ」と言われてしまうのです。伝蔵たちの動きを察知した奥平家から土岐家や上杉家に何か働きかけがあったのでしょうか。上山にも赤湯にもいられなくなりました。

伝蔵たちはどうするか相談します。深沢村に帰るのは口惜しい（「歸る事も口惜候」）。ただ、それ以前に、山形の城外で宿を探してほしいと、山形にいる同志の菅沼善兵衛、菅沼七左衛門に頼んでいたようで、どうするか考えていたところに、「伝兵衛を寄こして、宿の準備をさせろ」との連絡が二人から入りました。

それで十二日、武居伝兵衛は赤湯を出立。四里半ほど行き、川口というところで飛脚と出会います。山形の同志からの書状かもしれないと気になった伝兵衛は飛脚に声をかけます。飛脚は「山形から赤湯に行く飛脚」と答えます。詳しく聞くと、桑名友之丞から外記、伝蔵への手紙でした。「昨夜のうちに主馬允が山形を立ち退く」という内容の手紙で、伝兵衛は飛脚も馬に乗せ、急ぎ赤湯に戻ります。飛脚も馬に乗せたということから、伝兵衛は馬に乗っていたことがわかります。そして、馬が遅いので、「川豊より傳兵衛馬より下歩行にて」急いで赤湯に戻りました。「川豊」は上山と赤湯の間の川樋（かわとい）のことでしょう。馬のほうが遅いというのは、口取（くちとり）（馬子）にひかれる馬に乗っていたということです。

ところで、これはまったくの余談ですが、武居伝兵衛は奥州街道で物見のような働きをし、この場面でも、先乗りの役目を担うなどしています。江戸での隼人の居所の探索でも、三之助、十太夫と共に働いています。他の面々より格下だったからとも考えられますが、それぞれの家来や中間よりは上であり、伝兵衛はそのような仕事に適していたのではないかと考えられます。

歴史学者の磯田道史氏によれば、「１７００年ごろまで、各藩は相当数の忍者を召し抱えていたようです」（『歴史の読み解き方―江戸期日本の危機管理に学ぶ』）。そしてその役目の一つが情報収集でした。伝兵衛の働きを見ると、どうもその忍者だったのではと思えますが、もちろん、何の証拠もない妄想です。さらに、三之助、十太夫も同様に忍者で、奥平伝蔵がそのまとめ役だったのではと、想像を膨らませることもできます。

それはさておき、知らせを受けた伝蔵たちは、山形で急病人が出たので帰ると宿

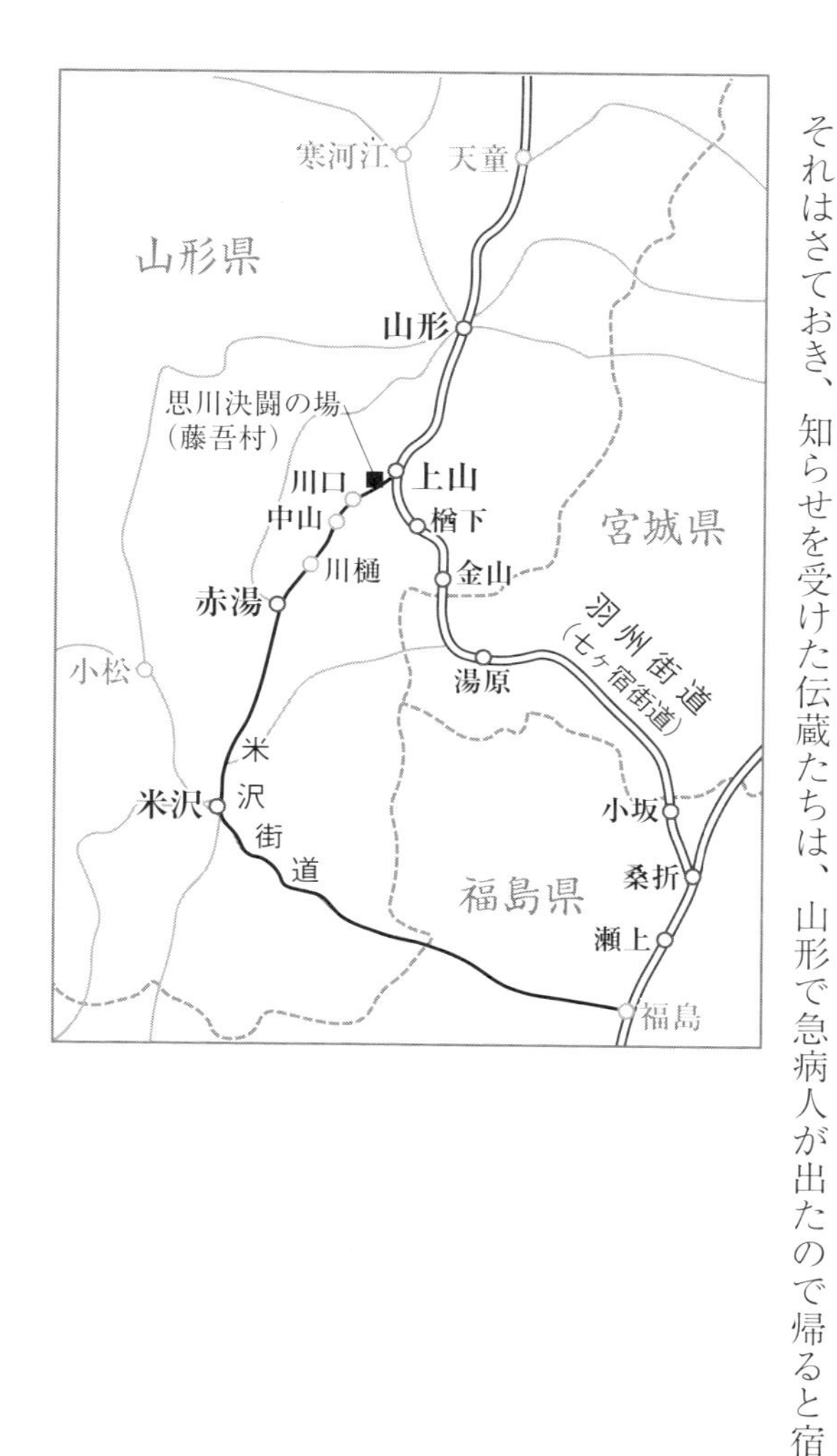

に偽りを言い（山形から湯治に来たと言っていたのでしょう）、すぐに出発します。そして、赤湯を出て、三里半過ぎたあたりの中山村で山形から来た菅沼七左衛門と出会います。七左衛門が言うには、主馬允は夕べに山形を立ち退き、まだ上山にいるとのこと。それを聞いた伝蔵たちはいよいよ主馬允と一戦交える時が来たと思った。そして「草臥（くたびれ）なきやう」家来まで馬に乗ります。この時の面々は次の通り。

夏目外記
奥平伝蔵
平野左門
武居伝兵衛
大内十太夫
川俣三之助
菅沼七左衛門

若党（家来）

安太夫
七兵衛
八右衛門
三郎左衛門
甚兵衛
只右衛門

中間

戸吉
角右衛門
計十五人

主馬允を討つ

中山村を一同が出立すると、今度は桑名友之丞からの使いがやってきました。主馬允の行方がわからなくなったというものでした。ところが、その手紙を外記がどこかで落としてしまいます（「外記懐中場所にて取落し候」）。そのため、友之丞と頼母が源八の仲間だということが知れてしまうおそれがあるので、二人は山形にはいられず、後に奥平家を致仕することになります。

ここで確認しておきたいのは、源八はここにはいないということです。ところが、実録物などでは、主馬允との戦いで源八が活躍します。たとえば、『日本武士鑑』では、前出の『一谷報讐記』と同じように「源八、外記、傳蔵、桑名友之丞、弟頼母、彼是、米沢領の阿賀湯に湯治して居たりしが」とあり、随筆や実録物でなく、記録として書かれた『柳営日次記』さえも、「源八郎（源八のこと）は当年十四歳、親戚と助太刀の侍が十三人、家来三人、以上十六人にて上之山着」と、ここで源八が登場してきます。

一方、実録物の『寛文復讐記』では源八はこの場にはいません。同書では、自分も主馬允を討ちに行きたいという源八に対して「誠の敵は隼人なり主馬介は子細有て討つなれば」と伝蔵、外記ら周囲の者が止めています。『自記』ではこのへんのことは何も書いていませんが、源八たちにとって目的はあくまで隼人の首です。源八はまだ十三歳。剣の腕も未熟でしょう。本番でない前哨戦にその源八を連れていって、討たれてしまったら、仇討ちが成り立たなくなってしまいます。ここは『寛文復讐記』のように、周囲が判断して、源八は残したと考えるのが妥当です。

友之丞からの手紙を見た一同は上山の一里半手前の川口で相談。主馬允の様子をうかがうため、三之助と伝兵衛を先に行かせることにします。また伝兵衛です。そして、主馬允が宿をとっていたら、旅人のふりをしてその近くの宿に入り、主馬允が出るところを討つか、宿に押し入って討つか見計らうよう指示されます。

こうして三之助と伝兵衛は一行より先に川口を出て、藤吾新田（とうごしんでん）というところまで来ます（『自記』では藤五新田）。二人はそこで主馬允の一行と出くわす。

三之助と伝兵衛は、馬に乗ったまま知らん顔してすれ違い、下馬。後ろのほうを見やると、伝蔵たちが坂を下りてくるところでした。それを目にした主馬允が馬を下り、敵かどうかの確認のため、家来を二人走らせたところ、伝蔵たちも下馬したので、主馬允たちは戦いの準備を始めました。

この時、三之助と伝兵衛は主馬允たちの横を通り抜け、伝蔵たちと一緒になります。「笠ふかく、ふく面したる故」、主馬允は二人に気付きませんでした。

主馬允たちのいたところは戦うには不利な場所でした。主馬允たちは一町（百メートルちょっと）ばかり引き返します。それを見た伝蔵たちは「聲々に呼懸候へば主馬允立歸槍にて向ひ候」。おそらく、「逃げるのか、卑怯な」といったことを言ったのでしょう。主馬允は戻って槍を構えます。

こうして上山での戦いが始まります。戦いの様子を『自記』に従って書いてみます。

・伝蔵方は伝蔵と外記が槍を持ち、そのほかは刀。主馬允方は弓射る者二人、槍四、五本、長刀一振り、鉄砲二挺。

『日本武士鑑』の挿絵

ただ鉄砲は撃たなかった。人数は三十余人。

- 主馬允の両脇にいる者が弓を射かける（半弓でしょう）。
- 左門の頭に矢が一筋あたる。
- 主馬允と伝蔵が槍を合わせる。
- 伝蔵の右脇に十太夫が立ち、主馬允の槍を刀で払う。
- 三之助は左の手を斬られ、刀を取り落とし、取ろうとすると、相手が斬りかかってきたので、刀の刃をつかんだところ、相手が刀を引き取り、その拍子に三之助は転んでしまう。そこを相手がまた打ちかかるところ、伝兵衛がその者を斬り、三之助もその隙に脇差を抜いて戦った。

『自記』にある戦いの記述はこれだけです。主に三之助、十太夫、伝兵衛の戦いが書かれています。三之助の書き残したものですから、三之助の戦いぶりが書かれているのは当然です。ほかに十太夫、伝兵衛のことも書かれているのは、三之助が『自記』を書いた時、他の二人も一緒だったからと考えられます。後述しますが、『自記』が書かれた時、この三人は同じところで起居していました。おそらく『自記』自体、三人の記憶をもとに書かれたのでしょう。

ほかの同志のことは伝蔵と左門のことだけ書かれています。ほかの同志の戦いぶりなど見ている余裕などなかったのです。それにしても、三之助は相手の刀を手でつかんだのに、手のひら、あるいは指を切り落とされなかったようで、どういう様子だったのか想像ができませんが、幸運だったと言えます。

結果は以下の通りです。

伝蔵方

平野左門　頭に矢傷、肩に切り傷
川俣三之助　腕二ヵ所、両手に太刀傷
三郎左衛門（家来）　腕一ヵ所、股一ヵ所に太刀傷
安太夫（家来）　頭一ヵ所、腕一ヵ所に太刀傷
甚兵衛（家来）　手に少し太刀傷
戸吉（槍持）　腕に一ヵ所太刀傷

主馬允方で討ち取られた者

奥平主馬允
大塚弥次郎（奥平家浪人、主馬允親類）
北村弥右衛門（永井右近浪人、隼人に頼まれ、主馬允を迎えにきた）
間淵安兵衛（奥平家浪人）
主馬允の家来等三人
計七人
そのほかは逃げる。

伝蔵たちの一方的な勝利です。大塚弥次郎（おおつかやじろう）、間淵安兵衛（まぶちやすべえ）は、奥平家の浪人ですから、三之助たちが顔を知っていても不思議ではありませんが、北村弥右衛門（きたむらやえもん）はおそらく隼人が雇った浪人で、三之助たちは知らなかったはずです。それなのに『自記』に記載されているというのは、それまで山形にいて、この戦いに参加した菅沼七左衛門が知っていたと考えられます。

上山の伝承

この時の戦いは、地元の上山の記録、『上山三家見聞日記』にも記されています。

この著者は中村文左衛門。上山市が発行した『上山三家見聞日記』にある、文左衛門の子孫の中村徳助氏の解説によると、織田信長に従い、後に叛いたことで知られる荒木村重（あらきむらしげ）の息女で、徳川家光の大奥に仕えた荒木局が、ある事件に関与して上山に配流になった際（正保（しょうほう）元年、一六四四）の従者の一人が初代の中村文左衛門で、『見聞日記』は二代目文左衛門から五代目文左衛門までの四人が、明暦（めいれき）三年（一六五七）から延享（えんきょう）四年（一七四七）の間、書き継いだものとのことです。

この『見聞日記』には、「七月十二日、上山の藤吾村で山形家中の奥平主馬という侍が敵に討たれ、主馬共々七人が討死した。敵方は一人も討たれなかった」（「七月十二日ニ上山藤五村ニ而山形家中奥平主馬と申侍敵ニうたれ主馬共々七人打死敵方ハ壱人もうたれす」）とあります。死者の数は『自記』と一致しています。

そして、戦いの場として伝えられているところには思川（おもいがわ）が流れているので、その場所は「史跡　思川決闘の場」（山形県上山市）となっています。

ＪＲかみのやま温泉駅から歩くと四十分くらいでその史跡に着きます。近くを上山バイパスが走りますが、史跡のあたりは田園風景です。

史跡に掲げてある説明（上山市藤吾地区会・思川歴史保存会）には、「奥平内蔵助は藩主の一方的な裁きに依つて切腹を仰せつかり」（昌能は切腹を命じてはいない）、「源八郎が大声で主馬介に仇討の名乗りをあげる」（源八はこの場にいない）等、内容に誤りがありますが、思川が蛍の名所であることから、この戦いは「思川蛍合戦」とも言われているとあります。

戦いがあった季節は、蛍合戦が見られる頃だったので、討つ側、討たれる側両者の霊が蛍の精に乗り移り、戦いが交わされるという伝説が地元にはあるそうです（ただ伝蔵側に死者はおらず、霊にはなっていないので、誤った言い伝えに基づいて作られたものです）。

思川決闘の場

この蛍合戦については、幕末から明治にかけて上山に生きた菅沼定昭（さだあき）が書き残した『上山見聞随筆』にも「藤吾村の思川ハ蛍の名所にてむかし蛍合戦といふ事のありし所なりこの蛍合戦といふ事ハ寛文年中この邊に仇討ありてうたれたるものゝ魂魄ほたるに寄偶して其思ひの夜な〳〵たゝかひしものならんといふ」とあり、地元に長く言い伝えられていたのでしょう。

さて、主馬允を倒した伝蔵たちは、討ち取った敵に止めを刺して、引き揚げました。止めを刺しましたが、主馬允の首を取ったとは『自記』には書いてありません。しかし、「源八其外の輩、主馬か首を桶に納め」（『一谷報讐記』）というように、主馬允の首を取って持ち帰ったという話が流布しています。また、『日本武士鑑』では、隼人が江戸の松平助左衛門（すけざえもん）の屋敷にひそんでいることがわかったので、主馬允の首を屋敷の中に投げ入れたという話にまでなっています。これは、『柳営日次記』の「その首を江戸へ持参し、去年から隼人が旗本大久保助右衛門（すけえもん）宅にいるので、右の首を添状をして書院へ投げ込んだ」という記述と同じです。ただ大久保助左衛門はいますが、松平助左衛門、大久保助右衛門という旗本は見当たりません。『自記』には大久保右衛門八という人物が出てきます（前出）。この人物のことかもしれませんが、いずれにしても、首を投げ入れたということは、隼人の居所はわかっていたことになり、源八たちが隼人の居所を探し回っている『自記』の記述と合いませんし、荒っぽい行いで、話としてはおもしろいですが、信用できません。

また、源八がこの戦いに加わっていない『寛文復讐記』では「主馬介が鼻をかき深沢へ持参せん」と、主馬允を討ち取った証として鼻を削ぎ落して持ち帰っています。確かに戦国時代から戦果の証として首のかわりに鼻を削ぎ落として持ち帰り、主君に見せることはありました。このような戦場での耳鼻削ぎの事例は特に戦国後期から織豊政権期に集中しているそうです（清水克行『耳鼻削ぎの日本史』）。

ただ、本来なら首を持っていくべきです。鼻削ぎはそれができない状況の時のものであり、しかも、大将格の場合は、できるだけ首を持っていくのが基本です。この場合、主馬允はそれにあたります。

鼻は、おれはこれだけの数の敵を討ち取ったという証であり、敵の大将を討ち取った証として持っていくなら、首でなければなりませんし、事情があって、どうしても首が無理な場合に鼻にするということでしょう。

しかし、なによりも『自記』には首を持参したとも、鼻を削ぎ落したとも書いてありません。もしそのようなことをしたのなら、「止めを刺した」と書いているのですから、そのことも記しているはずです。戦果ですから、当然、書いたはずです。しかし、書いていない。首も鼻も持ち帰らなかったと考えられます。

仇討ちの場合、成就したら、場合によっては、改めて召し抱えられることもあり、その証が必要でしょうが、源八たちの目的は、「片手落」で切腹させられなかった隼人を殺すこと、ただそれだけです。主馬允の場合も、止めを刺すだけで十分だったのです。

さて、伝蔵たちは全員が馬に乗ってきたのですが、引き揚げようとすると、荷物を付けた馬だけが残っていて、口取はそのほかの馬を連れ、逃げてしまっていました。目の前で斬り合いが始まったのですから、仕方ない。

一行は、手負いの者を残った馬に乗せ、「ならけの方へ五六町餘り」進みます。「ならけ」は羽州街道の楢下宿。この宿に向かって六百メートルほど行ったところに「社堂」がありました。「史跡　思川決闘の場」の説明文では阿弥陀地というところの阿弥陀堂です。この阿弥陀堂は現在も残っています。ここでけが人の手当てをし、衣類に血がついている者は着替え、楢下宿へ向かいます。

樽下宿には上山土岐家の口留番所が置かれていました。口留番所というのは、人と物の出入りを調べるために大名家が領国の出入り口に設けたものです。

上山の通行手形がないと通れない。そこで家来に命じ、偽って手形をもらってくるようにしました。

どのように偽ったか、わかりません。

ともかく、上山の名主から手形を出してもらい、楢下宿に着きます。ここで、食事と休息をとります。すると、町の名主と番所の者がやってきて、伝蔵たちに向かって、主馬允かと聞いてきました（「其町の名主番所の者など参我々を主馬允かと問候」）。伝蔵たちはとっさに「そうだ」と嘘をつきます。それで、番所の者や名主は、「上山（土岐家）の家老と主馬允は親類で、主馬允が山形から立ち退くことは兼ねてから知らされていて、夜中であっても関所を通すようにと家老から言われている」と言うのです（伝蔵たちが上山を追い立てられたのは、この家老の指示だったのかもしれません）。口留番所は通常、夜は通れませんが、家老から主馬允なら夜でも通せと指示があったわけです。けが人もいる一行の様子から敵討ちにあったと思った番所の者と名主は、「町の入口と出口は町人たち大勢に棒を持たせて番をさせるから、ゆっくり休んでください」とまで言

郵 便 は が き

お手数ですが
切手をお貼り
ください。

１０２−００７２
東京都千代田区飯田橋３−２−５
㈱ 現 代 書 館
「読者通信」係 行

ご購入ありがとうございました。この「読者通信」は
今後の刊行計画の参考とさせていただきたく存じます。

ご購入書店・Web サイト			
	書店	都道 府県	市区 町村
ふりがな お名前			
〒 ご住所			
TEL			
Eメールアドレス			
ご購読の新聞・雑誌等			特になし
よくご覧になる Web サイト			特になし

上記をすべてご記入いただいた読者の方に、毎月抽選で
５名の方に図書券５００円分をプレゼントいたします。

お買い上げいただいた書籍のタイトル

本書のご感想及び、今後お読みになりたいテーマがありましたらお書きください。

本書をお買い上げになった動機（複数回答可）

1.新聞・雑誌広告（　　　　　　　）　2.書評（　　　　　　）
3.人に勧められて　4.ＳＮＳ　5.小社ＨＰ　6.小社ＤＭ
7.実物を書店で見て　8.テーマに興味　9.著者に興味
'0.タイトルに興味　11.資料として
2.その他（　　　　　　　　　　　　　　　　　　）

ご記入いただいたご感想は「読者のご意見」として、新聞等の広告媒体や小社
witter 等に匿名でご紹介させていただく場合がございます。
※不可の場合のみ「いいえ」に○を付けてください。　　　　いいえ

小社書籍のご注文について（本を新たにご注文される場合のみ）

●下記の電話や FAX、小社 HP でご注文を承ります。なお、お近くの書店でも取り寄せることが可能です。

TEL：03-3221-1321　FAX：03-3262-5906
http://www.gendaishokan.co.jp/

ご協力ありがとうございました。
なお、ご記入いただいたデータは小社からのご案内やプレゼントをお送りする以外には絶対に使用いたしません。

い、血止め薬をくれます。

この間、奥平家の家臣である菅沼七左衛門は山形の自分の家に帰っていきました。

伝蔵一行は、そのまま主馬允一行になりすましました。そして、主馬允は隻眼だったので、頭に矢傷のある左門に鉢巻をさせ、片方の目を隠して、主人である主馬允に仕立て、他の者はその家来となって、けがをした者は馬に乗せて、楢下の番所を無事通りました。番所の者は二、三町送ってきました。

それから「金山田町」に着きます。これは羽州街道の楢下宿の次の宿である金山（かなやま）宿のことでしょう。ここで、馬方から主馬允の妻の動向を聞きます。それによると、主馬允の妻は山形を出てから主馬允とは道を変え、小坂（こさか）路を目指し湯原（ゆのはら）宿の名主のところに一泊したとのことでした。

このことから、主馬允の妻は羽州街道から奥州街道に出て、江戸に向かう道を選び、主馬允は藤吾村で伝蔵たちと出くわしたのですから、米沢方面に向かっていたわけで、米沢街道を使い、上山、赤湯を経て米沢に進み、江戸に向かう道を選んだと考えられます。

伝蔵たちは、主馬允の死を知ってこの湯原宿で待ち受けているかもしれないと警戒しますが、主馬允の妻の一行は、主馬允が討たれたことを知らずにいて、妻に同行していた者たちが、伝蔵たちを待ち受けるということはなく、伝蔵たちは湯原宿で馬を確保し、深沢村に向かいます。

この間、羽州街道小坂宿の口留番所も偽って通ります。どのように偽ったのかは書いてありません。小坂宿は奥州街道から羽州街道に入った最初の宿。一行はここを過ぎ、奥州街道に入り、昼夜兼行で奥州街道の芦野(あしの)宿から黒羽街道に入り、七月十五日子の刻(夜中の十二時前後)に深沢村に着きます。

おそらく成果を源八に告げたと思いますが、そのへんのことは『自記』には書かれていません。

第二章のまとめ

宇都宮を立ち退いた奥平源八、夏目外記、奥平伝蔵たちは、寛文八年(一六六八)九月十二日、下野黒羽の大関増栄の飛地領で同家の家老浄法寺氏の知行地である深沢村に移ります。深沢村を選んだ理由は諸説ありますが、浄法寺茂明の娘が、外記の父で奥平家の重臣である勘解由の妻となっていることから、同村に移ったと考えられます。

深沢村では法幢寺を拠点にし、行方がわからない奥平隼人の居所を探索。同志で伝蔵の組子である川俣三之助、大内十太夫、武居伝兵衛が中心となり、江戸で隼人の行方を探りますが、なかなかつかめません。

寛文九年五月五日、奥平家を追放となった兄の隼人と行動を共にすることなく、山形で奥平昌能に仕えていた主馬允が、兄と合流するため暇を取るとの知らせが、山形の同志から、隼人の居所を探すために江戸にいた奥平伝蔵たちのところに入ります。

伝蔵は宇都宮や深沢村の同志たちと、主馬允を討つべく、大関増栄の領地で、奥州街道にある寺子村で待ちますが、主馬允は山形をまだ出ていず、伝蔵たちは一時解散します。

五月二十日、主馬允がまだ山形にいるため、伝蔵は三太夫らを連れ、山形に向かい、山形にいた同志、桑名友之丞と打ち合わせをします。その後、伝蔵たちは土岐領の上山、上杉領の赤湯と移って、主馬允を待ちます。その間、夏目外記、平野左門が合流。そこに主馬允が山形から出たという知らせが同志から入り、七月十二日、主馬允を討つべく、赤湯を出ます。

史料によっては、この場に奥平源八もいたというものもありますが、源八は連れてきていません。

赤湯を出た伝蔵たちは、山形を立ち退いた主馬允と藤吾村で出会い、斬り合いとなります。伝蔵たちは手傷を負う者はありましたが、死者はなく、主馬允方は、主馬允を含め七人が討ち取られます。

第三章　討ち入り

隼人の居所の探索

深沢村には奥平源八、夏目外記、奥平伝蔵、平野左門、川俣三之助、大内十太夫、武居伝兵衛が家来、中間らといました。源八たちは、奥平主馬允を殺されたと知った奥平隼人が深沢村を襲撃するのではと考え、住まいの出入り口に番所を二ヵ所設け、家来に昼夜見張らせました。

寛文九年（一六六九）七月二十日、白川八郎左衛門、細井嘉兵衛、細井又左衛門、菅沼次太夫が深沢村に来ます。隼人の襲撃に備えて、人員を増やしたのでしょう（菅沼次太夫は、翌年冬にこの人員から外れ、江戸に稼ぎに出たと『自記』に記されています。彼は仇討ちには加わっていませんが、後に隼人の親戚に斬殺されます）。

八月になると、桑名友之丞と頼母が奥平家を立ち退き、深沢村の源八たちと合流。翌寛文十年三月には、桑名友之丞の妹婿で、浪人していた後藤安右衛門も友之丞を助勢するといって深沢村に来て、一味に加わります。同年十月、頼母の弟、三七も山形から深沢村にやってきます。

このように同志を深沢村に集め、隼人の襲撃に備えたのですが、隼人は来ない。そこで、相談の上、隼人の居所を探るため、細井又左衛門を二度、江戸に向かわせます。さらに、隼人の所在の探索と討ち取る準備のため、桑名頼母、白川八郎左衛門を江戸に差し向けています。このへんの動きを見ると、江戸に隼人がいるという情報をある程度つかんでいたのかもしれません。

この頃、八郎左衛門の古い傍輩で親類でもある黒羽（くろばね）の浪人、大関権右衛門（おおぜきごんえもん）、丸田喜右衛門（まるたきえもん）が助勢したいと仲間に加わり、さらに頼母の親類の池田平兵衛（いけだへいべえ）、大里清左衛門（おおさとせいざえもん）も仲間になっています。

そして寛文十一年の秋になり、ようやく「隼人住所大かた知れ候」、つまり、隼人の居所が大体わかりました。けっこう時間がかかっています。どういう経緯でだれが突き止めたのか書いていないのでわかりません。場所は、浄瑠璃坂（じょうるりざか）上にある鷹匠頭（たかじょうがしら）の戸田七之助（とだしちのすけ）の組屋敷とされています。

実は、『自記』には「隼人住所」、「隼人宅」といった表現があるだけで、浄瑠璃坂も戸田七之助の名も出てきません。『徳川実紀（とくがわじっき）』でも「隼人が宅」、『鳩巣（きゅうそう）小説』では「牛込ニヤシキヲ買」という程度です。

では、どうしてこの仇討ちを「浄瑠璃坂の仇討ち」と言うのでしょうか。ほかの資料を見てみましょう。

実録物は信頼度が低いので、記録類を見ると、『柳営日次記（りゅうえいひなみき）』に「戸田七之助組屋敷市ヶ谷上留り坂の上」と、『万天日録（まんてんにちろく）』には「市谷浄留利坂ノ上ナル戸田七之助組ノヤシキ」とあり、また、井伊家の家臣、功力（くぬぎ）君章が記した『井伊年譜』にも「市谷

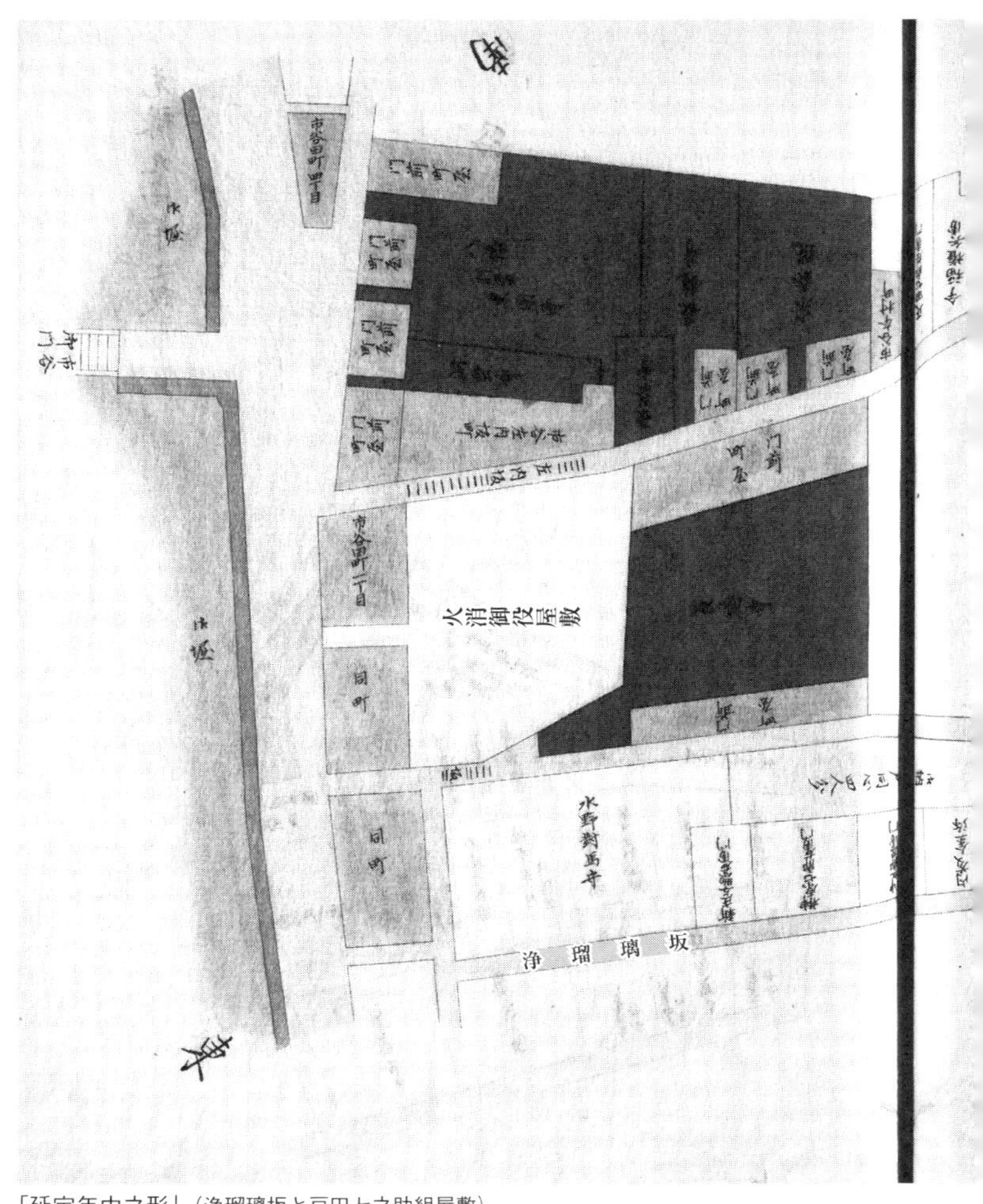

「延宝年中之形」（浄瑠璃坂と戸田七之助組屋敷）

浄瑠璃坂の戸田七之助の組屋敷に押込」とあります。さらに、「語れきこ浄瑠璃坂の敵討さても其後ながされにけり」という狂歌もあり（『紫の一本』などに紹介されているもので、後に源八たちは伊豆大島に流されていて、そのことが詠まれています。『万天日録』では「語れきこ」ではなく、「語りダス」となっています）、この事件が当時「浄瑠璃坂の仇討ち」として言い伝えられていることも考えれば、隼人が潜んでいたのは浄瑠璃坂上の戸田七之助の組屋敷であったことは、間違いありません。

討ち入りがあった寛文十二年の翌年から始まる延宝（えんぽう）年間の絵図『御府内往還其外沿革図書』（幕府普請奉行編纂）の「延宝年中之形」には、浄瑠璃坂の上に戸田七之助の組屋敷が確かにあります。戸田七之助正吉は、父（吉成）が祖父より早く死んでいるため、祖父（貞吉）の遺跡を継いで（二千八十石、このうち五百八十石を弟に分与）、小普請（旗本・御家人の内三千石以下で役職についていない者）から寛文三年に鷹匠頭になっています（『寛政重修諸家譜』）。祖父も鷹匠頭を務めました。隼人はその組屋敷に隠れ住んだのです。大名や幕臣の江戸の屋敷は、拝領屋敷といって、公儀から下賜されたもので、大番組、先手組など、それぞれの組の与力、同心に組単位で与えられた拝領屋敷を大（おお）縄（なわ）拝領武家屋敷（組屋敷）と言いました（宮崎勝美「江戸の土地―大名・幕臣の土地問題」

『日本の近世9』）。隼人がどういう経緯で鷹匠頭であるこの七之助の組屋敷を借りたのかはわかりません。

さて、源八一党は、江戸の同志が隼人の屋敷の様子などを探り、一方、深沢村では、月に何日と日を決めて、討ち入るための打ち合わせをし、それをその都度江戸の同志に伝えるということを繰り返します。江戸の同志は、隼人がいる屋敷の中を調べる努力をします。しかし、用心していて、出入りの人間を厳しく調べるので、なかなかつかめない。ようやく住まいの様子だけがわかったという知らせがあった。十分ではないが、討ち入りを延ばしていると、隼人が引っ越してしまうおそれもあるので、隼人が屋敷にいることが確かならば、とにかく討ち入ろうと決め、江戸からの一報を待ちました。

江戸の同志たちは隼人宅の近くの辻々で商いなどして監視を続けました（「辻々にあきないさせ置候て隼人出入を見せ候」）。そして隼人が出入りすることを確認。監視をより強めて、江戸で活動していた池田平兵衛が、状況を深沢村の仲間に知らせるために村に向かいます。平兵衛が深沢村に着いたのは、寛文十二年一月二十九日夜。この知らせを受け、源八たちはいよいよ仇討ちを決行することにします。

平兵衛はその足で宇都宮に向かいます。そして、用事があって宇都宮の妻子のところへ行っていた後藤安右衛門、白川八郎左衛門、武居伝兵衛にも伝え、一緒に江戸に向かいます（安右衛門たちが宇都宮へ行っていたのは、仇討決行が迫ってきたので、妻子に別れを告げるためだったかもしれません）。深沢村の仲間とは江戸で落ち合うことにして、四人は二月一日の未明に宇都宮を出て、二日の夜の九時頃に浅草の金蔵寺（こんぞうじ）（台東区寿）に着き、深沢村からやってくる源八たちを待ちます。

『自記』は討ち入りに加わった面々の家族にはほとんど触れていません。源八に祖母と母がいること、伝蔵に母がいることは前述しました。ほかに妻子がいることが書かれているのは、この場面の安右衛門、八郎左衛門、伝兵衛だけですが、ほかの面々にも家族はいたでしょう。この三人のように宇都宮に妻子を置いて、仇討ちのために深沢村や江戸で働く者もいたでしょう。

さて、平兵衛の知らせを受け、深沢村の源八たちが江戸に向かって出発したのは、平兵衛が来た夜の八つ時頃。夜中の二時前後です。二十九日の夜、平兵衛が深沢村に着いたとありますから、それから準備をして出たとすると、『自記』には二十九日と書いてありますが、日付は三十日になっていたと考えられます（寛文十二年一月は大の月で二十日までありります）。奥平源八、夏目外記、奥平伝蔵、桑名友之丞、平野左門、桑名三七、細井嘉兵衛、川俣三之助、大内十太夫、それに家来十九人、合わせて二十八人でした。大勢での出立だったので、周囲には偽りの理由を言って深沢村を出ました。

ただ、前出の大関増業（おおぜきますなり）の『創垂可継（そうすいかけい）』には、深沢村の太郎右衛門（たろうえもん）が南京皿を十枚、五郎右衛門（ごろうえもん）が鎧一領、槍一筋、弓一張りを持っていて、いずれも、世話になったということで、仇討ちに出立する時に先祖が源八からもらったもの、という言い伝えが記されています。増業がこの書の序文を書いたのは文化四年（一八〇七）ですが、その頃、このような言い伝えがあった。実際、世話になった土地の人たちに対して、源八たちが何かを残したということはありえることです。

細井又左衛門は病気で加われませんでした。

源八たちの江戸までの経路

一行は、まず鬼怒川（きぬがわ）の河岸の柳林（やなぎばやし）（栃木県真岡市）に出て、二艘の船に分乗します。柳林河岸は寛永五年（一六二八）につくられたと考えられている河岸で（鬼怒川・小貝川流域を語る会編著『鬼怒川・小貝川の舟運再発見』)、鬼怒川を利用する際、深沢村からいちばん近い。村から歩いて五時間くらいでしょうか。

ここから一月三十日の明け方船に乗り、船中で江戸の同志から取り寄せた隼人の屋敷の絵図を開き、打ち合わせをします。隼人の父の半斎と弟の九兵衛が一緒に住み、隼人は別棟に住んでいることがわかっていたので、手分けして、両方に一度に攻め入ることにしました。そして、どちらにだれが攻め込むかを籤引きで決めようとします(「船中にて鬮を取し」)。

ところが、ここで川俣三之助と大内十太夫がわがままを言います。宇都宮から金蔵寺に向かった武居伝兵衛とも打ち合わせていたようですが、「自分たちは籤は引かない。どちらに討ち入ることになっても構わない。ただ三人とも伝蔵と一緒になりたいから、伝蔵が引けばいい」と言うのです。伝蔵を慕い、ここ数年困窮を共にし、今度は死ぬかもしれない。だからぜひと言います。

それが通り、籤で伝蔵は半斎のいる棟に入ることになり、三之助たちもそれに従うことになりました。平野左門も伝蔵と一緒です。奥平源八、夏目外記、桑名友之丞、同頼母、同三七、細井嘉兵衛、後藤安右衛門、大里清左衛門、池田平兵衛、大関権右衛門、白川八郎左衛門、丸田喜右衛門（『自記』では喜左衛門との表記も）の十二人は隼人のほうとなりました。これにそれぞれの家来が従います。

そして二月二日の日暮れ前に「川口に着候て船を掛け合圖の一左右を待居候」とあります。「川口」に着いて江戸の同志の合図の一報を待ったのです。

この「川口」はどこなのでしょうか。ふつう川口というと、地名か川が海などに流れ出る出口のことですが、どちらかなのでしょうか。源八たちが江戸に向かった船の経路も含め、調べてみましょう。

深沢村から江戸まで、源八たちがどう行ったかについては、ほとんどの著作物が詳しく触れていません。前出の平出鏗二郎（ひらでこうじろう）は「人に知れないやうに道をかへ、いろいろ難儀をして夜通し江戸へやつて來て」（『敵討』）と曖昧な表現をしています。彼は『玉（ぎょく）滴隠見（てきいんけん）』などをもとに書いていて、これらにも行程は書かれていないので仕方ありません。『中津藩史』も「深澤より源八始め一同を上府せしめ」と簡単に済ませています。

『寛文復讐記』は、主馬允を討つために山形へ向かう際には、道筋をきちんと書き、たとえば、「関東と奥州の境なる二社明神に着けり。鰐口丁と打ちならし」というように、いちいち一行の行動や思いを書き記し、安積山（あさかやま）が見えると、歌まで詠んでいるのに、肝心の討ち入り本番の江戸へ向かう様子は、簡単に済ませていて、「宇都宮領の内阿久津村と言ふ所より舟に乗りて登りける。急ぐ程なく江戸浅草にぞ着にける」とだけで、しかも阿久津村から舟に乗ったとしています。

阿久津河岸（栃木県さくら市）は柳林河岸よりかなり上流にあり、深沢村から歩いて七時間くらいはかかるでしょう。深沢村からどちらが近いかというと、柳林河岸です。阿久津河岸では深沢村から遠い上に、江戸からも遠くなり、その分時間もかかり、疲労もたまりますから、源八たちが上流の河岸までわざわざ行くはずはありません。『寛文復讐記』の記述は明らかに間違いです。

ちなみに、これより以前の承応四年（一六五五）の「黒羽藩領の年貢は―（中略）―74俵は鬼怒川の柳林河岸から津出し」（『角川日本地名大辞典』）されていたようですから、深沢村から柳林に出て、鬼怒川を利用する経路は馴染みのものだったと考えられます。

源八たちの経路について、少し詳しく書かれているのは、『日本武士鑑』や『一谷報讐記』などで（両者の内容はほぼ同じ）、『一谷報讐記』には、「奥平源八等、野州を打立、柳林より舟に乗、風波にもまれて、山川と云所に着。是より陸地七里を経て、又舟に乗り、翌二日の夜半、浅草の店屋に揚り」とあり、『自記』と同じく柳林河岸から船に乗ったとしています。

当時、船で鬼怒川を下って江戸に出る経路ができていました。家康が江戸に来るまでの利根川は、今の東京湾に注いでいました。幕府は大がかりな土木工事を行い、この流れを変え、銚子に注ぐようにしたのです。その結果、鬼怒川は利根川と合流し、川で江戸までつながりました。鬼怒川を下り、利根川と合流したら、それを上り、境河岸（茨城県猿島郡）を経て江戸川に入り、下って、運河である船堀川（新川）を通り、中川の船番所を経て、これも運河の小名木川に入り、隅田川に至るという経路です。

これはすべての経路で船を利用する場合ですが、このほかに、途中陸路を利用する経路もありました。仙台伊達家は参勤交代の際に荷物を運搬するのに、鬼怒川の阿久津河岸から船で山川河岸まで運び、そこから陸路で境河岸まで行き、江戸川に入り、関宿（千葉県野田市）を通り、江戸川を下って船堀川を経て、小名木川の入り口の中川の船番所を通ったとのことです（『江東区中川船番所資料館・常設展示図録』）。また、物資だけでなく人も、「奥州方面から江戸へ向う旅人は、奥州道中を宇都宮の少し手前氏家・白沢宿辺で分かれて鬼怒川の岸、阿久津河岸から朝の舟に乗って一気に船路一三里を下り、鬼怒川の中流久保田河岸より陸路を大木・諸川・仁連・谷貝の宿々を通って境河岸に着く」（川名登『河岸に生きる人びと・利根川水運の社会史』）。そしてそこからさらに船で江戸に向かっていたのです。山川河岸、久保田河岸はともに現茨城県結城市で、山川河岸は久保田河岸の少し下流。『一谷報讐記』は、伊達家の荷の運搬と同じように、山川の河岸を経由しての経路を想定しているのでしょう。

ただ、このあたりから境河岸まで徒歩で四時間半くらいかかるでしょう。源八たちが途中陸路を利用したとすると、江戸川に入るまで、これくらい歩かなければなりません。船と徒歩ではどちらが疲労がたまるでしょうか。それも四時間半。歩きでは眠れないし、少なくとも足を休められません。

ここで上山での決闘の時のことを思い出してください。伝蔵たちは疲れると戦いに不利になるからと、家来、中間も馬に乗せています。それくらい周到なのです。それなのに、いよいよ本番という時に、彼らが、疲労がたまる陸路を選ぶでしょうか。実際、『自記』には陸路を利用したとは書いてありません。船で江戸まで行ったとしているのです。

『自記』の記述で江戸まで要した時間についても考えておきます。

一月二十九日の夜の二時頃（日付は三十日）、深沢村を出立。三十日の明け方、柳林河岸から船に乗り、二月二日の日暮れ前に「川口」に着いています。柳林河岸を出て二日半ほどかかっています。

鬼怒川から利根川に出て、利根川を上り、境河岸を経て江戸川に入り、江戸へ下る。

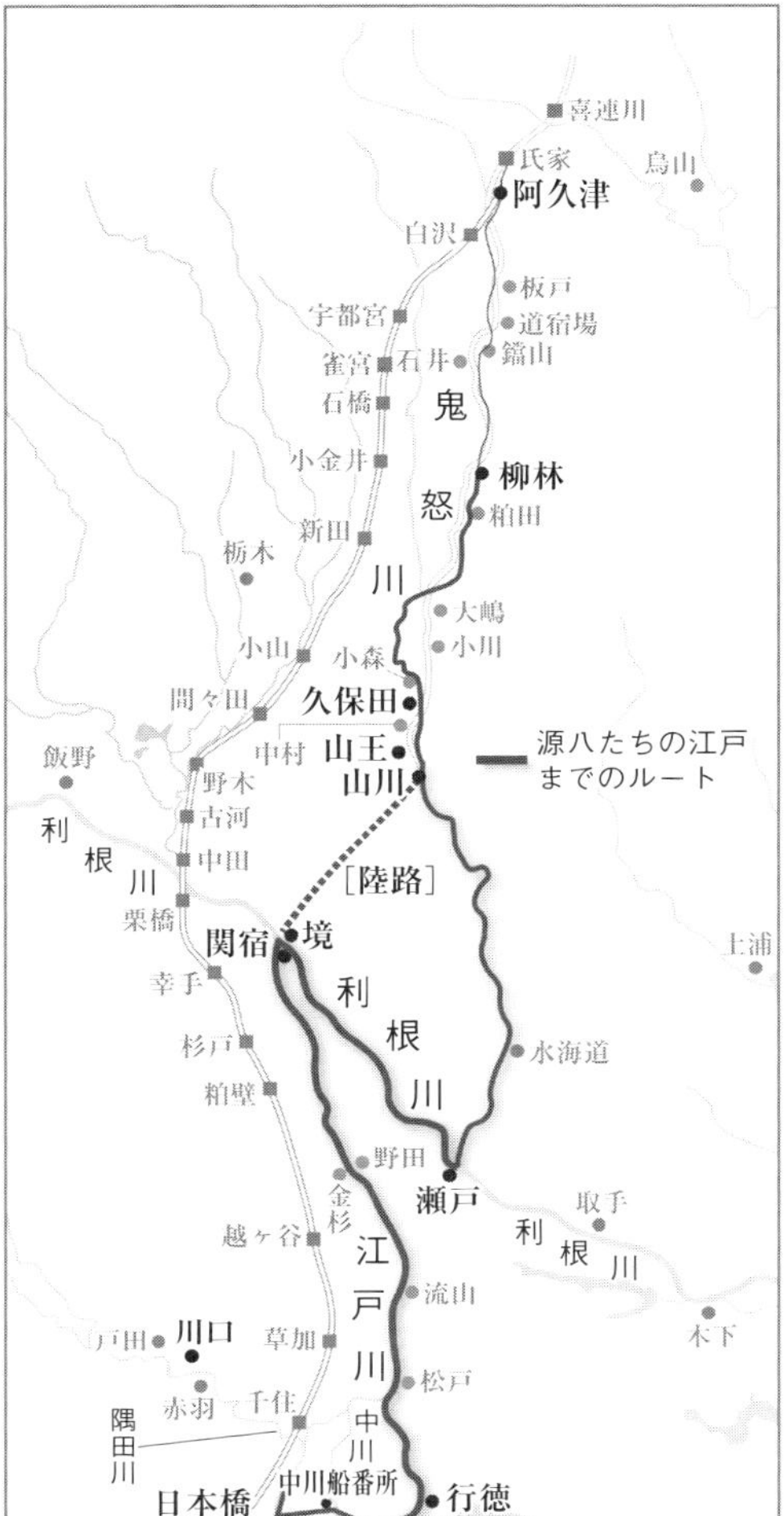

この境河岸から江戸までは半日あれば十分だったようです。境河岸から江戸へ向かう「六斎船」という夜船は、夕刻に同河岸を出て、朝江戸に着いていました（『鬼怒川・小貝川の舟運再発見』）。源八たちは、二日の日暮れ前に江戸に着いていますから、おそらく二日の夜明け頃に江戸川を下ったのではないでしょうか。

柳林河岸を出て、利根川との合流地点に三十日の夕刻に着き、そこから利根川を上り、境河岸に着き、境河岸を二日の夜明け頃に出立したとすると、その間約一日半あります。江戸から境河岸まで江戸川を上るには約二日かかったようです（『境町歴史民俗資料館だより第四号』）。鬼怒川と利根川の合流地点から境河岸まではその半分くらいの距離ですから、境河岸まで上るのは一日くらい。合流地点で夜を過ごし、一日の早朝に利根川を上ったとすれば、二日の夜明け前に境河岸に着き、その足で江戸川を下れば、所要時間は合います（船中では睡眠をとるなり、体を休めるなりしたでしょう）。

川口はどこか

この経路上の、境河岸を経て江戸川に入ったところには、関宿の関所があり、当時は関宿城主の久世(くぜ)家が管理し、陸上の通行人と川舟の両方を改めました。ただ、「入り鉄砲、出女」は厳しく調べましたが、「下り船（江戸へ向かう船＝著者）に便乗している武士・町人・百姓は、上番所に断らせた上でとおしたが、とくに船を番所に付けなくともよいとしている」（川名登『近世日本水運史の研究』）というように、それほど厳しくはありませんでした。

同様に川舟の出入りを改めたのが、小名木川に入るところにあった中川船番所です。結論から言うと、『自記』にある「川口」はここのことです。この『自記』の記述に関して、現在の川口市とする文献もありますが、そうではない。船路の地図を見れば一目瞭然です。鬼怒川から江戸までの船路は、川口市は通りません。川口市に行くとすると、一度江戸に入って隅田川まで来て、さらに埼玉のほうに川を上っていかなければなりません。そのような無駄なことをする理由はありませんし、それに、江戸の同志と「川口」で落ち合っています。これから討ち入ろうという時に、江戸から現在の川口市まで同志にわざわざ出向かせるというのは、時間と労力の無駄遣いです。

中川船番所は寛文元年（一六六一）に中川口に設置された川の関所です（現在の江東区大島）。水上交通上の江戸の出入り口にあり、関宿と同様、人や物の出入りを監視していました。船で鬼怒川から利根川、江戸川を経て、江戸に入る場合、ここを通らなければなりません。

寛文元年九月十三日に出された高札の内容は次のようなものでした（「江東区中川船番所資料館・常設展示図録」より）。

定

一、夜間の江戸からの出船は禁止、入船は許可する。

一、中川番所前を通過する時には、乗船している人々は笠や頭巾を脱ぎ、船は戸を開けて内部を見せる。

一、女性は身分の上下によらず、たとえ証文があっても一切通行は許可しない。

一、鉄砲は二・三挺までは改めの上通行を許可するが、それ以上の場合は指図を請ける。そのほかの武具についても同様である。

一、人が入ることのできる大きさの器は確かめたうえ、

中川船番所跡（江東区）

異常がなければ通す。小さい器に関しては改めには及ばない。万一不審な点があれば船を留め置き報告をする。

付、囚人や怪我人、死人についても、証文がなければ通行は許可しない。

この船番所を管理する中川番は三千石以上の旗本が何人かで務めていて、寛文年間には今村伝三郎（いまむらでんざぶろう）という人が中川番の一人でした。今村は寛文元年九月十三日から八年八月七日まで中川番を務め、それから下田奉行になっています。この旗本の記録が『徳川実紀』の寛文八年八月七日のところにあり、

江戸名所図会「中川口」

「川口番今村傳三郎正成下田奉行になる」とあります。ちょうど中川番をやめた時です。ということは、『徳川実紀』にある「川口番」とは中川番のことで、「川口」とは中川の船番所のこととわかります。

また、幕臣、三島政行（安政三年＝一八五六没）編述の『葛西志』の小名木村のところには、「中川御番所、村の東の方、小名木川より中川へ出る北岸にあり、ゆへに古くは川口の番所といひし」とあり、同書に付いている延宝八年図にも中川船番所を「川口御番所」と記してあります。

このようなことから当時中川船番所は川口とも呼ばれていたということがわかります。『自記』にある「川口」はこの船番所であることは明らかです。

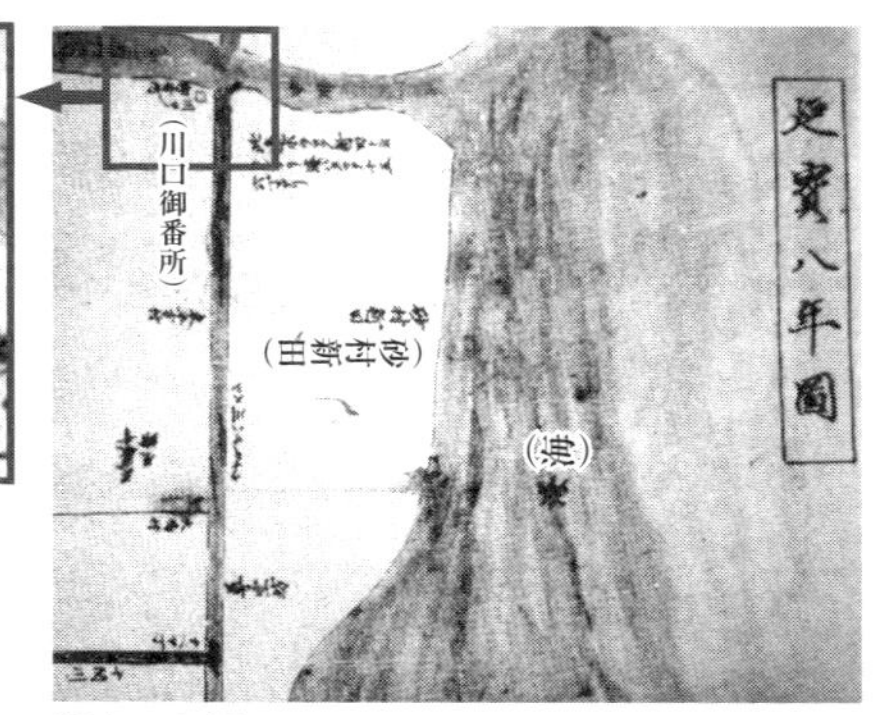

延宝八年図

川口御番所

さて、二月二日の日暮れ前に中川船番所に着いた源八たちは船を止め、同志の報せを待ちます。そこに、大関権右衛門がやってきます。彼は、源八たちに「隼人はどこにも行かないでいる。見張りもつけているので急ぐべし」と報告。一行は支度をして船で乗り出そうとしたところ、大里清左衛門も来て、同じことを言うので急ぎます。

ただ、この中川船番所は関所です。高札にあるように、主な役目は、箱根などの陸の関所と同様、入り鉄砲と出女です。

『自記』には、「川口」に着いたと書いてありますが、源八一行がどのようにして「川口」、つまり中川船番所を通ったかは書いてありません。実はこの船番所も、関宿と同様、通行の検査は、人に関してはあまり厳しくなかったという話があります。

たとえば、小林一茶（こばやしいっさ）の『寛政三年紀行』には、行徳（ぎょうとく）から舟に乗って、中川船番所を通る際のことが次のように描かれています（舟に乗っていたのは男女二人ずつ）。舟が番所に近づくと、役人が怖い「怒の眼」で、女性二人をにらんだ。女性は通さないという決まりがあるのを知っているだろうという意味の「怒の眼」でしょう。すると、船頭が女性たちにこう言います。「藪の外からそこそこのうちを通って、あそこに廻りな」。女性たちはその通りにして、番所を通ることができた、というのです。

一茶は「げに〳〵丸木をもて方なる器洗ふがごとく」、つまり、丸木で四角い器を洗うようだ（取り締まりが緩い）と言い、ありがたい世の中だと言っています。

似た話が、近世後期の紀行文に出てくる中川船番所の記述を調べた向山伸子氏の論文（「文芸作品に描かれた中川番所とその周辺〜近世後期の紀行文を中心に〜」『江東区文化財研究紀要第一七号』）に紹介されています。「小女ふたり」を乗せた屋根つきの舟が、中川の船番所に近づいた際の話で、番所を通る前に「小女ふたり」を岸に下ろし、二人は番所の横の門の前を通って、番所の裏のほうに行き、舟は番所を過ぎる。その際、船頭は「通ります」と言い、番所の役人は「通れ」と言う。舟が番所を過ぎて一丁ほど進むと、その岸に先ほどの二人がやってきて、舟に乗ったという話です（鸚鵡斎主人岡澤敦根『船橋紀行』一八三二）。

これらの例は江戸後期の話で、源八たちの頃は、もう少し厳しかったかもしれませんが、江戸に入る男に関しては、怪しいところがなければ、問題なく通れたでしょう。中川船番所に着き、大関権右衛門、大里清左衛門の知らせを受けた源八たちは、船で小名木川に入り、隅田川に出て、丑（うし）の刻、夜中の一時頃（二月三日）でしょうか、浅草駒形（こまがた）の河岸に船を付けます。そこに、金蔵寺で待っていた桑名頼母、後藤安右衛門、池田平兵衛、白川八郎左衛門、武居伝兵衛も合流し、船の中で討ち入りの打ち合わせをします（しばしの休息もとったでしょう）。この時、桑名友之丞が武居伝兵衛に、川俣三之助の要求があって、伝兵衛も含め、三之助、大内十太夫の三人は奥平伝蔵と行動を共にすることになったが、と確認し、伝兵衛はかねて申し合わせていたこと、と答えています。

討ち入り――隼人不在

さて、ここで揃ったのが四十二人。これが討ち入った人数です。
その面々は次の通り。

奥平源八
夏目外記
奥平伝蔵
平野左門

桑名友之丞
桑名頼母
桑名三七
細井嘉兵衛
後藤安右衛門
武居伝兵衛
大内十太夫
川俣三之助
池田平兵衛
大里清左衛門
白川八郎左衛門
大関権右衛門
丸田喜右衛門

若党が以下の十六人

安太夫
彦太夫
惣平
瀬之助
喜内
七兵衛
佐右衛門
甚兵衛
孫左衛門
長右衛門
甚五右衛門
八右衛門
只右衛門
曽右衛門
吉右衛門

半兵衛

中間が九人

戸吉
彦内
与四兵衛
五右衛門
所左衛門
彦右衛門
八助
久兵衛
与右衛門

駒形の船の中で目印のために配られた揃いの白い単物、鉢巻をそれぞれ懐にしまい、奥平源八と桑名友之丞、細井嘉兵衛は乗物（駕籠）、残りは馬に乗り、槍を持って駒形を出た時、七つの鐘が鳴ります。二月三日午前四時頃です。乗物や馬、槍、その他の道具は江戸の同志が揃えたのでしょう。そして、水戸家の屋敷前で長持から門を破る道具などを取り出し、乗物や馬から下り、合印を着て、ガンドウ提灯（正面だけを照らすように工夫された提灯）を二つ持って、浄瑠璃坂上の戸田七之助組屋敷を目指します。

駒形で陸に上がり、現在のＪＲ水道橋駅あたりの水戸家の屋敷を経て、浄瑠璃坂上の戸田七之助の組屋敷まで、急いで一時間ちょっとかかるでしょうか。午前五時頃。隼人の屋敷に着いた頃はまだ暗かった。

屋敷に着いた源八たちは、まず門を破り松明（たいまつ）をつけました。この松明は捨てても他

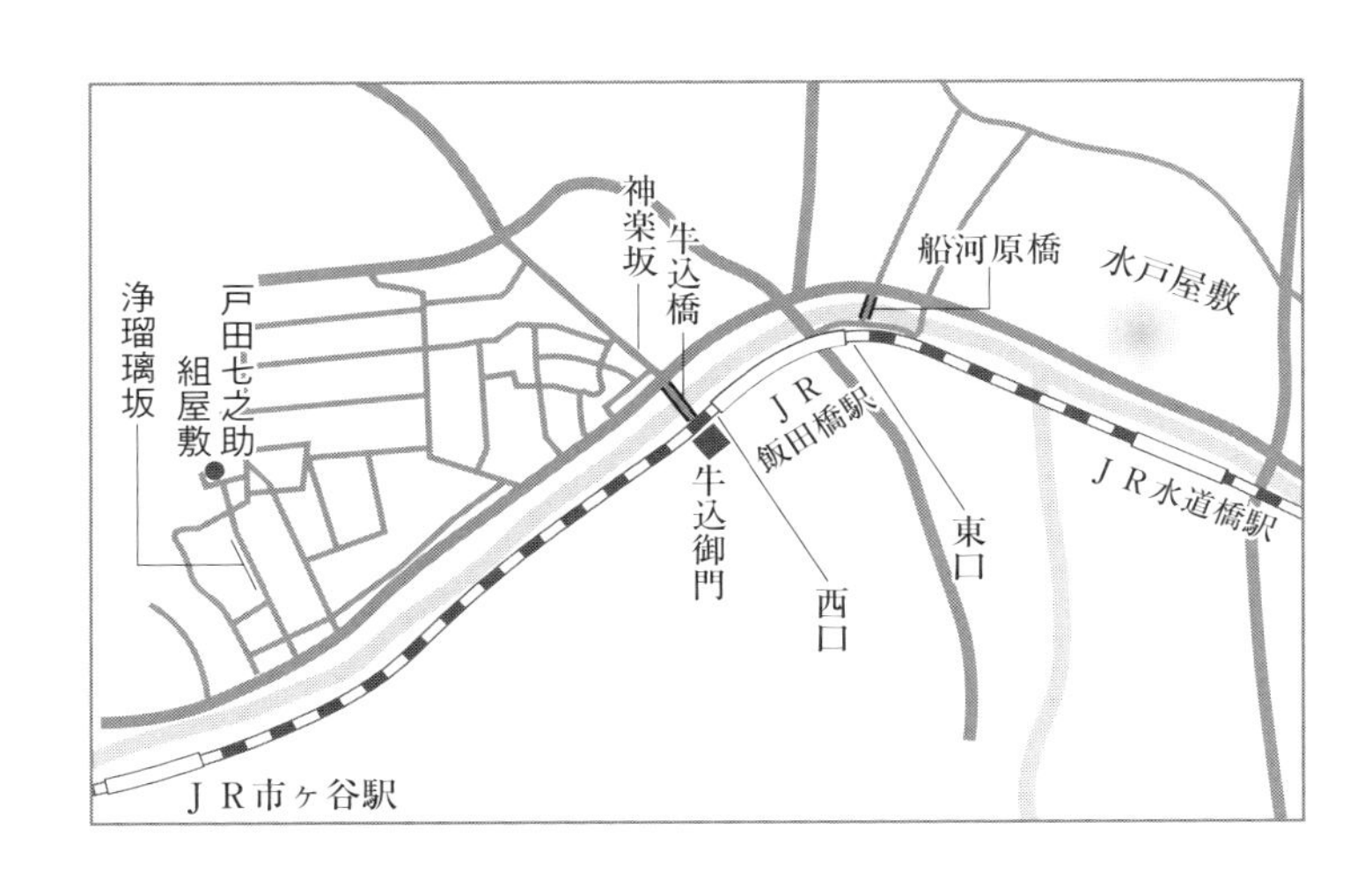

に燃え移らないものだと書いてあります。火の用心です。

　ここで他の史料を見てみます。

『徳川実紀』では、家の前後に茅を積んで火を放ちとあります。完全な放火です。

また、火事だと騒いで門を開けさせる目的で火をつけたわけですから、門が開いたらだれかがすぐに消さなければなりません。でなければ江戸の町が火の海になってしまいます。当然、水桶を持ってこなければなりません。門が開いて戦いが始まったのに、火消しに一人か二人、さかれてしまいます。短い時間としても、そのような戦力低下になることをしたでしょうか。

　それに、当時の一帯の屋敷図を見ると、すぐ近くに定火消（じょうびけし）の役宅があります。火の手があがったらすぐに駆けつけます。当然、その対応もしなければならず、隼人を討ちもらすおそれがありま

浄瑠璃坂

す（実際、戦いが済む頃に定火消が駆けつけています）。

　また、『徳川実紀』によれば、討ち入りの前の二月一日の江戸の状況は、「大風煙塵を吹きて。ひとへに火災のごとし。又地震数度に及ぶ」というものでした。『万天日録』ではもう少し詳しく書いてあり、それによると、二月一日には土煙が立つほど大風が吹き、江戸の庶民は火事を警戒し、家財を土蔵穴倉に入れ、火事になるかと固唾を呑んでいたほどで、実際、神田御弓町で二度火が出たものの、用心していたので、すぐに消し止め、夕方には風は静まったが、午後には三度地震があり、夜にも一度揺れたという状況でした。江戸では火災にいつも以上に神経を尖らせていたのです。江戸の同志は当然それを知っていたはずで、そのような中で、茅を積んで火をつけるようなことをするでしょうか。

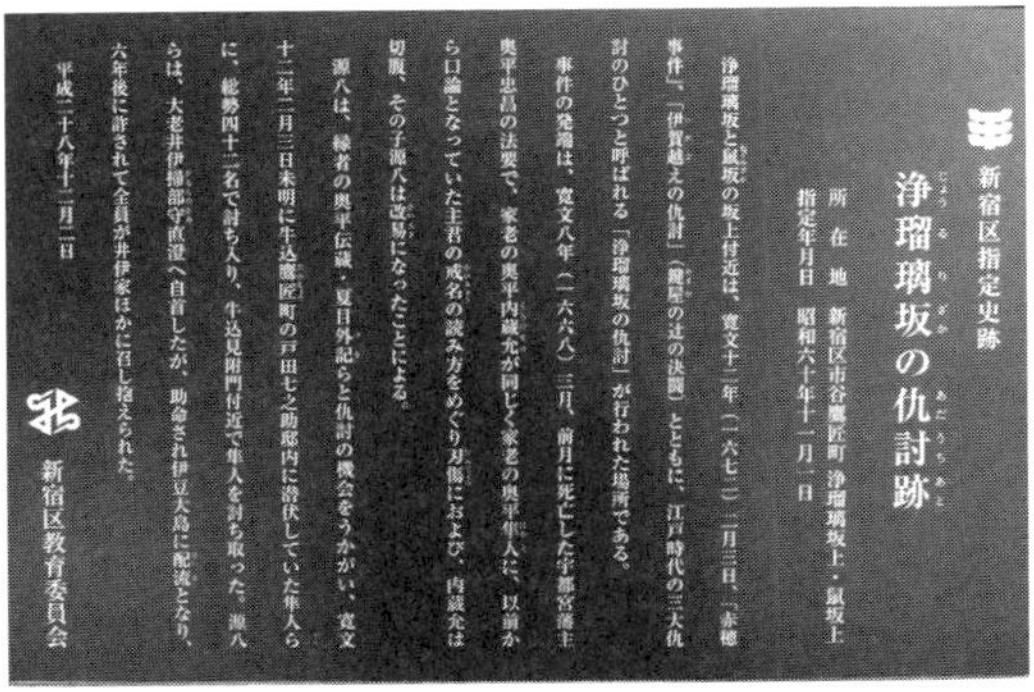

　このようなことを考えると、火を放つという作戦は立てないと思います。また、大

新宿区指定史跡
浄瑠璃坂の仇討跡
所在地　新宿区市谷鷹匠町 浄瑠璃坂上・鼠坂上
指定年月日　昭和六十年十一月一日
浄瑠璃坂と鼠坂の坂上付近は、寛文十二年（一六七二）二月三日、「赤穂事件」、「伊賀越えの仇討」（鍵屋の辻の決闘）とともに、江戸時代の三大仇討のひとつと呼ばれる「浄瑠璃坂の仇討」が行われた場所である。
事件の発端は、寛文八年（一六六八）三月、前月に死亡した宇都宮藩主奥平忠昌の法要で、家老の奥平内蔵允が同じく家老の奥平隼人に、以前から口論となっていた主君の戒名の読み方をめぐり刃傷におよび、内蔵允は切腹、その子源八は改易になったことによる。
源八は、縁者の奥平伝蔵・夏目外記らと仇討の機会をうかがい、寛文十二年二月三日未明に牛込鷹匠町の戸田七之助邸内に潜伏していた隼人らに、総勢四十二名で討ち入り、牛込見附門付近で隼人を討ち取った。源八らは、大老井伊掃部守直澄へ自首したが、助命され伊豆大島に配流となり、六年後に許されて全員が井伊家ほかに召し抱えられた。
平成二十八年十二月二日
新宿区教育委員会

戸田七之助組屋敷跡にある新宿区教育委員会の説明文

名ですら、屋敷から火を出したら罰せられます。それよりもなによりも放火は重罪です。文句なしの死罪です。ところが、後で述べるように、だれも死罪になっていません。源八ら主立った者が島送りになっているのですが、その理由は、「御府内を騒がせたから」です。「火つけ」ではありません（『徳川実紀』では「門前に茅をつみ火を放し事。罪のがれがたければ」となっていますが）。

また、『柳営日次記』では、まず花火と松明に火をつけ、火事だと騒いで、門を打ち破るという手順になっています。門を破ってから松明に火をつけたという『自記』とは順番が逆です。どうせ門を破るなら、火事だと騒ぐ必要はないと思いますから、『柳営日次記』の記述は不自然です。

ここは、『自記』にあるように、ふつうに門戸を破って討ち入ったと考えるのが自然です。松明は火事と見せかけるためではなく、暗いところで隼人を見つけ、倒すためです。

門には槍を置いて（屋敷内での戦いでは刀のほうが好都合だからでしょう）、抜刀して戸を破り、斬り込みます。このくだりで「沓裏皮之事」とも書いてあります。戦いやすくするため、そのような用意もしていたのです。残念ながら、戦いの詳しい様子は『自記』には書いてありませんが、『自記』によると、隼人の父、奥平半斎と弟の九兵衛のほか、浪人の軽部六右衛門、家来など八人を倒しました（半斎と九兵衛を含めて八人かどうかはわかりません）。

また、『万天日録』や『玉滴隠見』には、隼人の二歳の息子も討たれたと書かれています。ただ、『自記』には書かれていませんし、子ども殺したということが後に世評にのぼることもなかったので、事実かどうかは疑問です。

肝心の隼人は討ち取った者の中にいませんでした。屋敷にいなかったのです。屋敷の中を悪口を言いながら残らず探したが、見つかりません。みんな呆然としたでしょう。

仕方なく、庭に集まると、桑名三七が倒れていました。三七を人に背負わせようとしている時、堀田五郎左衛門（ほったごろうざえもん）が火事だと思って駆け付けたとあります。戦いが終わってからであり、何か騒々しいから来たといった感じです。門外まで来ていた堀田の与力に仇討ちだと説明しました。この堀田五郎左衛門が定火消です（『寛政重修諸家譜』）。定火消が出動したということから、火をつけたという話ができたのではないでしょうか。

この戦いで源八側は桑名友之丞と三七、大内十太夫、中間の彦右衛門(ひこえもん)が傷を負いました。また、「清左衛門は被討」とありますから、大里清左衛門は死んだのでしょう。友之丞と三七は重傷でした。友之丞は左の腕から手の内にかけての槍傷、三七は胸に三ヵ所の槍傷がありました。十太夫は「右之手の内刀の柄共に切りさけられ」ていました。

伝蔵は門のところで、人数を改めて、全員隼人宅を出ます。

門のところには侍が四、五人、槍を持って集まっていました。近所に住む旗本の家来かもしれません（『柳営日次記』には、徒目付が三人出てきたとあります）。伝蔵たちは仇討ちである旨を伝えますが、隼人の屋敷を出た後も用心のためでしょうか、付いてきました。

『自記』には隼人宅を出てから、白川八郎左衛門と大関権右衛門、丸田喜右衛門はどこかに行ってしまったとありますが、どこへ行ったのか、その後どうしたのかは記されていません。

隼人を討つ

友之丞と三七は歩ける状態ではありませんでした。そこで二人を運ぶ戸板を「戸田伊賀守様辻番所にて」調達します。戸田伊賀守は、この頃寺社奉行を務めていた戸田忠昌。この人の子どもが後に宇都宮城主になる忠真です。その辻番所で戸板を二枚借ります。そして、後藤安右衛門、池田平兵衛と家来が付き添って、友之丞と三七を酒井小平治組の近藤弥右衛門のところまで運び、三七はその日のうちに息を引き取り、友之丞も八日に死にます。酒井小平治は、酒井小平治忠村のことで、寛文十一年（一六七一）に持弓頭になっています（『寛政重修諸家譜』）。持弓頭は、持筒頭と共に、「戦時は弓鉄砲を持って将軍の旗下をまもり、平時は城内中仕切門を警衛する職」（和田英松『新訂官職要解』）です。

友之丞たちはその組屋敷に行ったわけですが、なぜ近藤弥右衛門のところだったのでしょうか。『自記』には何の説明もないのでわかりません。

十太夫も出血が激しいので、松平助之進屋敷で戸板を借りてきて乗せました。松平助之進は旗本の松平乗忠。寛文元年に持筒頭になっています。

さて、源八たちが、戸板に乗せた十太夫も連れて歩いているところに、なんと、隼人が家来を引き連れ、馬で追いかけてきました。

この間、隼人がどこにいたのかは不明です。この点について、宮川忍斎（みやがわにんさい）は、『一谷報讐記』の中で「評」として、「おもふに不意の事あらは、暫かくれ居て危難を遁れん、と覚悟せしに、半斎九兵衛か死骸を見て、此上は猶予すへきやうなし、と思ひて後より追懸たるにや、覚束なし」と書いています。「不意の攻撃なので、ここは隠れて難を逃れようとしたが、父と弟の死骸を見て、ためらっている場合ではないと、追いかけてきたのかもしれない。よくわからないが」ということです。隼人不在の理由については、親戚のところに外出していたという話もありますが、はっきりしたことはわかりません。

外出していたなら、源八一党のだれかが見張っていたでしょうから、気付いたはずです。だれかが夜になるまで見張り、もう外出しないと判断し、駒形に集まったと考えられるのです。そう考えると、忍斎の「隠れていた」という推測も的外れではないように思えます。

ともかく、隼人は源八たちを追ってきました。そして、馬を下り、槍を持ちます。家来は弓をこちらに射かけてきます。槍は四、五本、人数は二十余人。

この時の源八側は二十二人。以下の顔触れです。

奥平源八
夏目外記
奥平伝蔵
平野左門
桑名頼母
細井嘉兵衛
武居伝兵衛
大内十太夫
川俣三之助

家来
安太夫
彦太夫

惣平
瀬之助
喜内
七兵衛
甚兵衛
左衛門（佐右衛門とも表記）
甚五右衛門
八右衛門
只右衛門

中間
戸吉
与四兵衛

槍を持っていたのは源八、伝蔵、頼母、嘉兵衛、惣平（そうべえ）で、ほかの者は刀で戦います。

手負いの者もいますし、人数も減っていた。それに一度死闘を経ていて、体は疲れていました。そこに味方と同人数の敵。戸惑う者もいたでしょう。それでも、隼人が来たことは好機です。

「細井嘉兵衛此方よりかゝり可然と大聲に云候」

嘉兵衛はこちらからかかれと大声で鼓舞します。そして、両者が激突します。場所は「牛込土橋にて隼人討候」とあるように牛込土橋です（前出の近所の侍たちもここまで付いてきました）。

頼母は振袖を着て、前髪にしていました。これは元服前の源八と同じ姿にして、源八を敵の攻撃から守るためです。頼母のこの姿について、『自記』ではこの段階で記していますが、隼人の屋敷に討ち入った時からこの姿だったと考えられます。

伝蔵と頼母は槍で隼人と戦います。そして隼人を土橋付近の水道に落とし、二人も水道に飛び込み、隼人を殺しました（「傳藏頼母槍にて隼人を水道の内へつきこみ追付兩人飛入切殺候」）。八右衛門も飛び込んでいます。

三之助はどう戦ったのでしょう。矢を二筋受けてしまいます。一筋は上の前歯、もう一筋は股です。前歯に刺さった矢は舌も少し傷つけました。そして戦いが終わってから抜いた。もう一筋は股にあたった際に「刀打をる」とありますから、この矢は刀にあたり、それを折り、股にあたったのかもしれません。いずれにしても、三之助は初っ端からまともに戦える状態ではなかったでしょう。

十太夫は戸板に乗っていましたが、家来に刀を抜かせて戦いました。

伝兵衛は槍を持った敵に立ち向かい、槍を二、三度切り払って、その槍を左手で取り、片手切りで敵の槍を奪い取りました。他の者の戦いぶりは、「こちらの皆々に切りまくられて傷を負って隼人側の者は逃げてしまった」という程度しか書いてありません。三之助、十太夫、伝兵衛三人の様子だけ詳しいのは、『自記』を書いた時、前述のように三人が一緒だったからでしょう。

隼人側の死者は隼人を含め三人でした。

こうして仇討ちは終わりました。興禅寺の刃傷事件から四年が過ぎていました。

第三章のまとめ

奥平隼人の弟、主馬允を上山で討った奥平源八方は、隼人が深沢村の源八を襲うのではないかと、警戒しますが、その気配はなく、江戸で隼人の居所を探索します。

その間、同志が増えています。

そして、寛文十一年（一六七一）秋、隼人の居所をようやく突き止めます。場所は市ヶ谷浄瑠璃坂上にある、鷹匠頭戸田七之助の組屋敷。江戸の同志が屋敷の様子を調べ、寛文十二年一月三十日、源八たちは深沢村を出て、江戸へ向かいます。船を使って、鬼怒川を下るのですが、江戸までの経路は、これまで曖昧にされてきました。川俣三之助の記録に従うと、実際は次のような経路で江戸に向かったと考えられます。

源八たちは二艘の船に分乗し、柳林河岸から鬼怒川を下り、利根川に出ると、それを上り、境河岸を経て、江戸川に入り、関宿を経て、「川口」に至り、ここで江戸の同志と落ち合います。

三之助の記録にある「川口」は、『葛西志』などによれば、中川の入り口にある中川船番所と考えられます。これは船の関所で、東方面から船で江戸に入るには、この船番所を通らなければなりません。船番所は中川と、運河の小名木川が出合うところにあり、源八たちは小名木川から隅田川に入り、二月三日、浅草駒形で、金蔵寺で待っていた同志と合流します。

二月三日午前四時頃、源八たちは陸に上がり、総勢四十二人で浄瑠璃坂上の、隼人が潜む屋敷に向かいます。水戸屋敷の前で身支度を整え、夜が明ける前に隼人の屋敷に到着。この時、「火を放った」、「火事だと騒いだ」という話もありますが、そのようなことはせず、ただ門を打ち破り、討ち入りました。

戦いの末、隼人の父の半斎と弟の九兵衛を討ち取りました。源八方は、大里清左衛門が討ち死にし、桑名友之丞、同三七、大内十太夫が傷を負い、友之丞と三七は後に絶命します。

ただ、肝心の隼人は不在でした。源八たちは、落胆して浄瑠璃坂を下り、牛込土橋あたりに来ると、隼人が家来を連れ、馬で追ってきます。ここで再び戦いが始まり、隼人は討たれます。隼人方は三人が討たれ、源八方は川俣三之助が傷を負うなどしますが、死者はありませんでした。

第四章　遠島

討ち入り後、どこへ行ったか

奥平隼人を討ち取った後の奥平源八たちの行動について、定説のようになっているのが、源八たちはどこかに隠れていたのだが（『柳営日次記』では「逐電」と書いています）、幕府から手配され、それを知ってあわてて井伊家に出頭、井伊直澄（彦根城主、一六二五―一六七六）が助命に働き（「公より源八以下の者を穿鑿ありしかば。源八等は井伊が家に出て―（中略）―掃部頭直澄かれらがけなげなる擧動を感じ。頻に一命を助けんことを願ひしゆへ。助命はせられしかど」『徳川実紀』）、島送りとなるというものです。

ここで疑問が一つあります。「覚悟を持って仇討ちに臨んだ源八たちが、事を成し遂げた後、身を隠すものなのか」ということです。隼人を討てなかったため、隠れて、再び狙うというのならわかります。しかし、すでに目的は達しました。それなのに、公儀から手配されるとしても、あるいは、隼人方の逆襲があるかもしれないとしても、身を隠した、あるいは逐電したというのは情けない話で、この点が、今日まで「浄瑠璃坂の仇討ち」として伝えられている内容で最も不満なところであり、違和感を覚えるところでもあります。

源八たちはずっと逃げ回ろうと思っていたのでしょうか。処罰されるにしても、あるいは仇討ちということで、お咎めなしとなるにしても、名乗り出るはずです。実際、井伊家に出頭しています。ただ、それは『自記』によれば二月二十日です。源八が『侍中由緒帳(さむいちゅうゆいしょちょう)』に書いたものも二十日で（『日本武士鑑(にほんぶしかがみ)』は十四日、『万天日録(まんてんにちろく)』は十七日と日付が違うものもありますが、『柳営日次記』も二十日）、この日付は間違いないでしょう。とすると、隼人を討ってから二週間以上の空白があります。

その間、どうしていたのか。実録物などでは、たとえば、『一谷報讐記(いちがやほうしゅうき)』では「離散して、行方を知らす」とあり、また、隼人の首を興禅寺(こうぜんじ)にある奥平内蔵允(くらのじょう)の墓前に持っていった（『奥平復讐記』）というものがあります。首を興禅寺に持っていったということはありえることですが、それでも一週間もあれば十分です（『武野燭談(ぶやしょくだん)』では、源八が家来に命じ、隼人らの首を内蔵允の墓前に供えさせたとしています）。

『自記』の記述はどうなっているのでしょうか。

隼人を討ち取ったその足で、「源八を召連候て大岡五郎右衛門様迄参候」とあります。源八たちは大岡五郎右衛門(おおおかごろうえもん)のところへ行った。五郎右衛門は、『寛政重修諸(かんせいちょうしゅうしょ)

家譜』によれば、徒士頭を経て、寛文十一年（一六七一）三月に目付になっています。大目付は大名を、目付は旗本・御家人を監察する職ですが、この場合、目付に出頭するのが適切と考えたのでしょう。そうなのです。決して行方知れずになったのでも、逐電したのでもなく、すぐに目付のところに出向いているのです。これなら納得がいきます。

この大岡五郎右衛門の屋敷ですが、『御府内往還其外沿革図書』の「延宝年中之

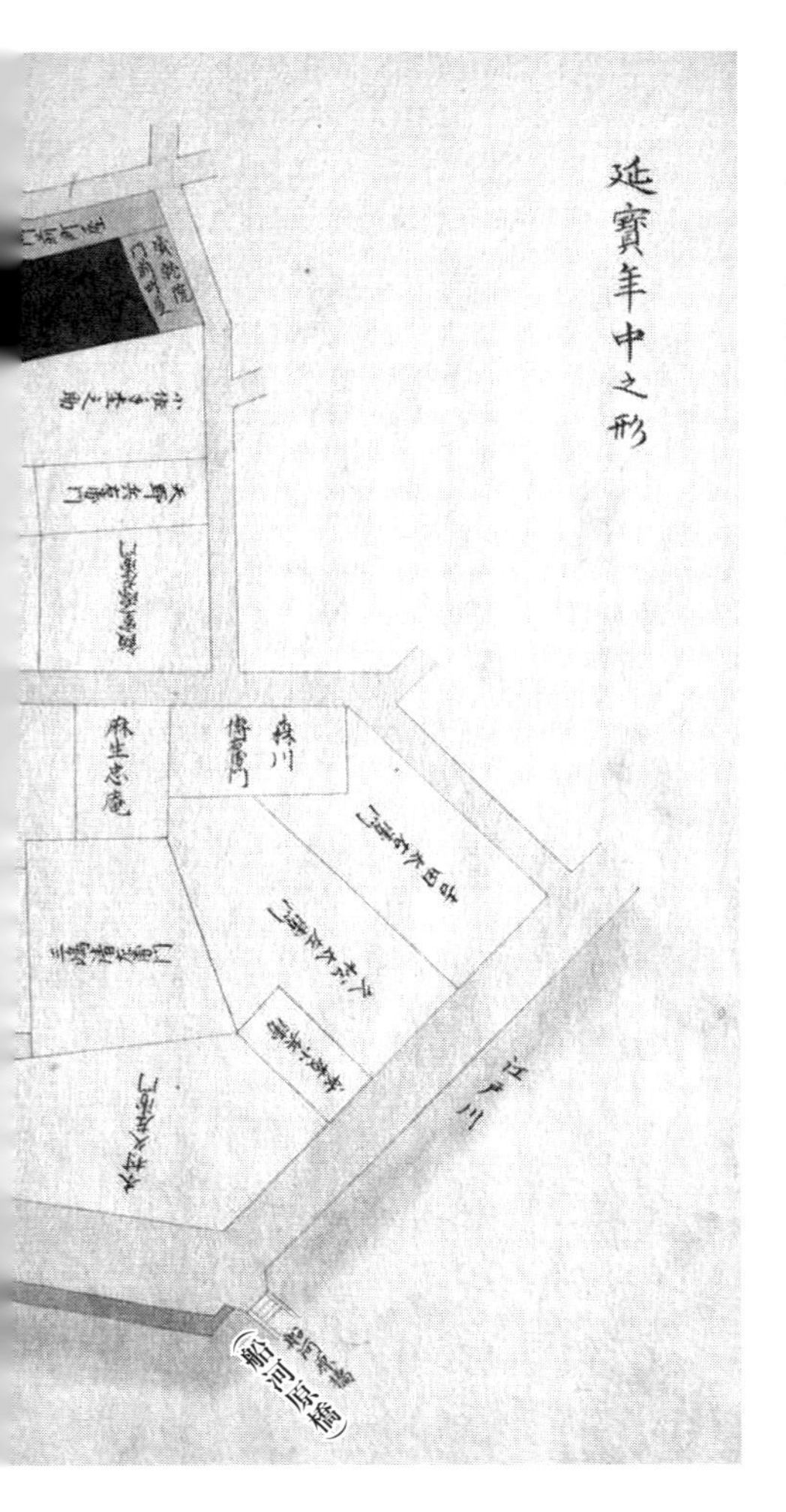

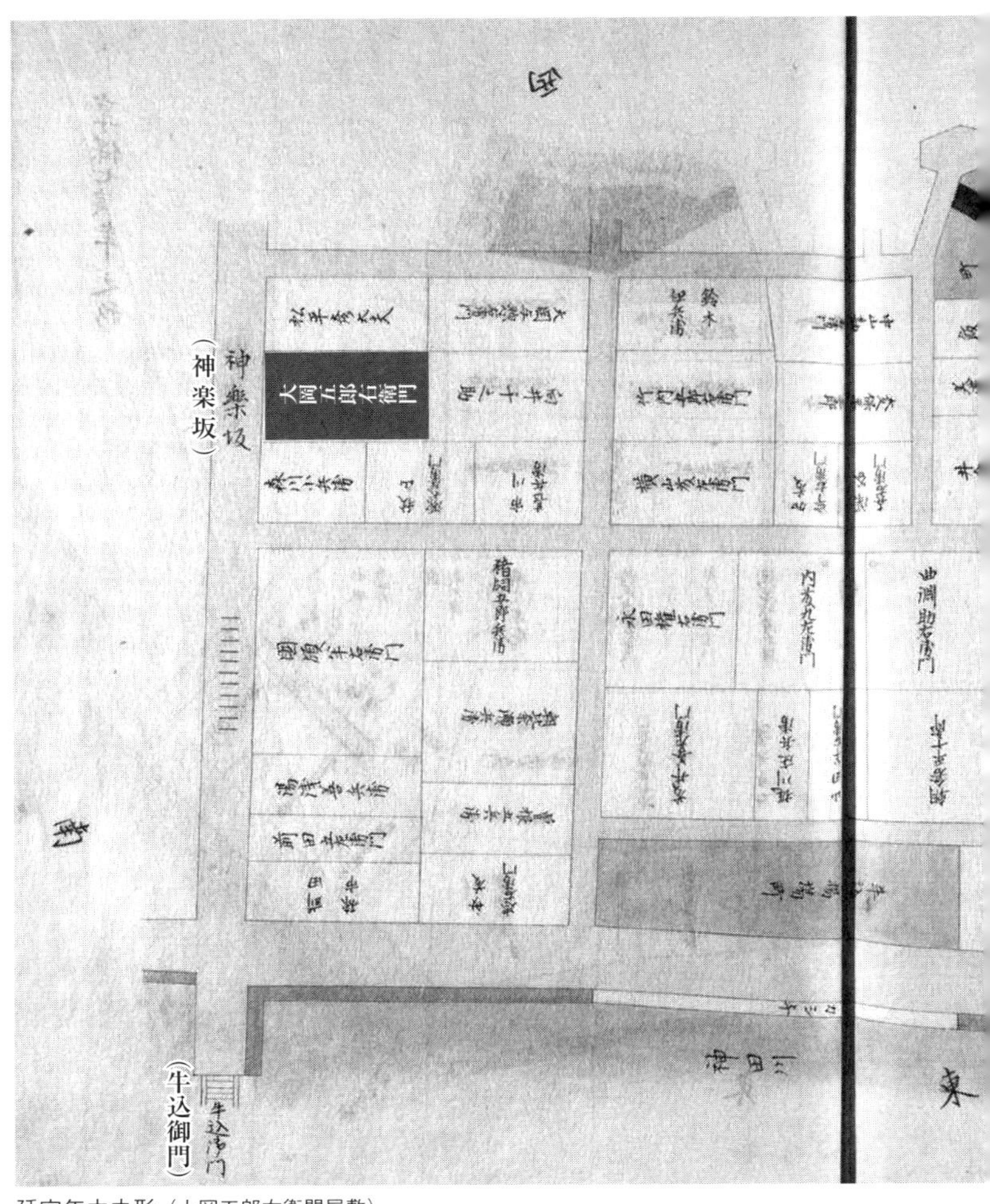

延宝年中之形（大岡五郎右衛門屋敷）

形」を見ると、牛込御門から西に向かう神楽坂沿いの屋敷図に「大岡五郎右衛門」とあり、これではないかと思います。

もしそうなら、源八たちは戸田七之助（とだしちのすけ）の組屋敷での戦いが終わり、浄瑠璃坂を下って、水戸屋敷の方に戻り、牛込御門のところに来たら左に曲がって神楽坂を上り、大岡の屋敷に向かうつもりだったと考えられます。その途中で隼人との戦いとなったのです。

とすると、話が逸れますが、隼人と戦った場所について、『中津藩史』では「後の船河原橋」としているのですが、これは違うということになります。船河原橋（ふなかわらばし）は「延宝年中之形」にも記されています。現在のＪＲ飯田橋駅で見ると、牛込御門や神楽坂は西口側で、船河原橋は反対の東口側、水戸屋敷よりです。もし船河原橋で戦ったとすると、浄瑠璃坂を下って外濠に出た源八たちは、牛込御門や神楽坂を過ぎて進んでいったことになり、どこを目指していたのかわからなくなります。深沢村（ふかさわ）に戻ろうとでもしたのでしょうか。しかし、前述のように、源八たちは村の者に世話になったお礼の品を置いて出てきています。戻るつもりはなかった。このようなことから、隼人と戦ったのは、『自記』や他の文献が書いている通り、牛込土橋だったのです。

さて、源八たちの行動に戻りましょう。

大内十太夫の出血がひどく、疲労していたため、川俣三之助と武居伝兵衛が付き添って辻番所で休むことにし、源八や奥平伝蔵たちは先に大岡宅に向かいました。辻番所では番所の者が出てきて、どうしたのかと尋ねるので、三之助は仇討ちだと説明しています。一休みした三之助たちは、十太夫を真ん中にして左右に三之助と伝兵衛が立ち、十太夫は両腕を二人の肩にかけ、家来二人を連れて、源八たちの後を追います。ただ、大岡五郎右衛門のところに行くと聞いていても、正確な場所は知らなかったようで、源八たちが向かった方にむやみに歩き、あちこち尋ね回らなければなりませんでした。

そして、人に尋ねながらやっと五郎右衛門の屋敷の門の前まで来ると、門が閉っています。それで「先刻こちらに参りました者の仲間です。入れてください」と門番に言いました。「そのような人は来ていません」と門番。そこで、「先に来た者を呼んで、顔を見てもらえばわかります」と言うと、大岡五郎大夫が伝蔵を連れて門番所まで来て、仲間に違いないということがわかり、三之助たちも入れてもらえました。

『寛政重修諸家譜』によれば、この五郎大夫は五郎右衛門の弟です（「大夫」の表記は

『自記』では「五郎太夫」ですが、ここでは『寛政重修諸家譜』に従います)。

目付の五郎右衛門はこの時不在でした。それで、三日の午の刻ばかりに(お昼頃でしょうか)、御徒町の五郎大夫の屋敷に五郎大夫同道の上、源八たち全員が移ります。「延宝年中之形」を見ると、五郎右衛門の屋敷からそれほど遠くないところに(現在の新宿区北町周辺)、「御徒組大縄地(おかちぐみおおなわち)」がかたまっています(源八たちが討ち入った屋敷がある市谷鷹匠町(いちがやたかじょうまち)も遠くない)。おそらくそのあたりに五郎大夫の住まいがあったのでしょう。そこでけが人は傷の手当をしてもらいます。

そして、次の記述が続きます。「五郎太夫様は源八一人は御かくみ可被下由被申候」。五郎大夫は、源八一人は匿ってくれるというのです。だれから匿うのでしょうか。公儀からでしょうか。源八たちが「仇討ちをしたが、御府内を騒がしたので、公儀から手配されるかもしれない。だから匿ってくれ」と頼んだのでしょうか。源八たちは身をひそめていたという通説ではそうなるでしょうか。しかし、仇討ちをしたばかりであり、公儀からそのような手配は出ていませんし、仇討ち自体は罪ではありませんので、手配が出るとは限りません。しかも、目付の屋敷に出向いて、目付の弟に匿ってくれと頼むというのは考えにくい。さらに、五郎大夫にしても、公儀の手配から匿うようなことをしたら、確実に罰せられます。留守だった兄の五郎右衛門にも累を及ぼします。しかし、五郎右衛門は後に勘定頭になるなど、出世していますし、五郎大夫は五郎右衛門の養子となり、兄の死後、遺跡を継いでいます。

　このようなことを考えると、匿ったのは、隼人一党の仕返しを警戒してのことと考えられます。実際、後日、隼人の親戚によって、源八に与した者が斬殺されています。ただ、どのような理由かわかりませんが、三日の夜に源八は他の者と共に五郎大夫の屋敷を出ています。「本郷近藤彌右衛門所へ源八外記傳藏頼母左門嘉兵衛召仕四五人参候」と『自記』に記されています。源八、夏目外記、奥平伝蔵、桑名頼母、平野左門、細井嘉兵衛と家来四、五人が、けがをした桑名友之丞と同三七を先に向かわせた近藤弥右衛門の屋敷に移ったのです。また、三之助、十太夫、伝兵衛の三人は、同夜、家来三人と共に、倉橋内匠の組屋敷の吉田多兵衛のところに移りました。これは弥右衛門の屋敷が手狭で、弥右衛門の縁者の多兵衛のところに移ったとのことです。

　近藤弥右衛門は前述のように、酒井小平治の組子です。倉橋内匠は寛文七年に先手弓頭となっている倉橋内匠助久盛のことでしょう（『寛政重修諸家譜』）。吉田多兵衛はその組子と考えられます。

さらに、五日夜、三之助たちは本多平右衛門組の菅沼五郎兵衛のところに移りました。本多平右衛門は、本多平右衛門正綱のことで、当時徒頭でした（『寛政重修諸家譜』）。菅沼五郎兵衛はその組子。

そして、近藤弥右衛門屋敷にいた源八、外記、伝蔵、頼母、左門、嘉兵衛、後藤安右衛門は、家来を連れ、九日夜に内藤甚之丞組の佐久間角右衛門のところに移り、二十日までここに滞在しています。ここに名前が出てくる安右衛門は、前述したように手負の桑名友之丞と三七に付き添って弥右衛門宅に行っていました。内藤甚之丞は、内藤甚之丞正吉で、この時持弓頭（『寛政重修諸家譜』）。同年閏六月に槍奉行に昇進しています）。源八たちは二十日に井伊家に出向くのですが、それまでここにいました。夜に移動しているのは、隼人側の者の襲撃を警戒してのことでしょうか。

ほかの家来たちは、「十人あまり天野三郎兵衛へ預け置き、二日過に差し支えがあって、呼び返し」、「近藤弥右衛門方に五六人差し置き、内藤甚之丞組小山貞右衛門方に召仕二、三人置き」というように、何ヵ所か移動しています。天野三郎兵衛は、天野三郎兵衛康命のことで、『寛政重修諸家譜』によれば、寛文三年に小普請入りしています。

このように、源八や三之助たちは、無役の天野三郎兵衛は別として、それぞれ公儀にとって重要な役職を務める旗本の組屋敷に行っています。少し整理しましょう。

- 目付の大岡五郎右衛門屋敷

仇討当日三日、源八、伝蔵、外記たち。五郎右衛門不在のため弟の五郎大夫の屋敷へ。

- 持弓頭の酒井小平治組近藤弥右衛門屋敷

仇討当日、手負いの桑名友之丞、同三七、後藤安右衛門、池田平兵衛。

三日夜、源八、伝蔵、外記、三之助たち。

- 先手弓頭の倉橋内匠助組吉田多兵衛屋敷

三日夜、三之助、十太夫、伝兵衛、近藤弥右衛門屋敷から移る。

- 徒頭の本多平右衛門組菅沼五郎兵衛屋敷

五日夜、三之助、十太夫、伝兵衛、吉田多兵衛屋敷から移る。

- 持弓頭の内藤甚之丞組佐久間角右衛門屋敷

九日夜、源八、伝蔵、外記たち。

先手弓頭は、先手鉄砲頭と共に御先手組と称し、戦の際には将軍の先陣を務めるもので、この中から加役として火付盗賊改を拝命します。徒頭は将軍が外出する際、先駆して警戒する者で、武芸達者な者が務めます。持弓頭は前述しました。戦の際、将軍を警護する役です。

源八たちがこのような旗本の組屋敷に井伊家に出向くまでいたのはどうしてでしょうか（井伊家に行ったのは、源八、外記、伝蔵とその家来のみ）。繰り返しますが、通説では隠れひそんでいたことになっています。ということは、近藤弥右衛門も、吉田多兵衛も、菅沼五郎兵衛も、佐久間角右衛門も、それぞれの組頭である酒井小平治、倉橋内匠助、本多平右衛門、内藤甚之丞に、目付の大岡五郎右衛門やその弟の五郎大夫は、目付の上役の若年寄に、御府内を騒がせ、手配されていた者たちのことを報告せず、隠していたことになります。それが事実なら、それぞれが何らかの罪に問われていたでしょう。

しかし、そのようなことはありませんでした。ということは、上役の組頭も、若年寄も、その上の幕閣も承知していたと考えていいのではないでしょうか。

ここで気になるのが『柳営日次記』の記述です。原文はこうあります。二月九日「此度之敵討御僉儀被仰付之面々、嶋田出雲守忠政、坂部三十郎廣利」、二月十三日「奥平内蔵介儀、大形可相知由、酒井小平次組與力衆申出候由御座候」。九日にこの度の仇討ちの件の詮議を嶋田忠政と坂部広利が仰せつかり、十三日に酒井小平次（治）組の与力たちが、内蔵允の事件のことが大体わかったと申し出たというのです。

『寛政重修諸家譜』によれば、嶋田忠政はこの時、北町奉行、坂部広利は「百人組の頭」（鉄砲百人組の頭）でした。鉄砲百人組は甲賀組、根来組、伊賀組、二十五騎組の四組からなり、その頭ということです。それぞれの組が百人の同心（与力はそれぞれ二十騎、二十五騎組は二十五騎）で構成されていたので、百人組と言われました。酒井小平治は、前述したように持弓頭で、その組子、近藤弥右衛門のところに手負いの桑名友之丞と同三七を連れていき、さらに、源八、外記、伝蔵は九日まで同所にいます。

『柳営日次記』が正しいとして、三日以降、酒井組の与力たちが、この与力が近藤弥右衛門かもしれませんが、源八たちの取り調べを任され（三日に大岡五郎大夫のところからここに移されたのは、取り調べのためとも考えられます）、ある程度、進んだ段階で、取り調べの責任者を決める形で嶋田と坂部が任された。これが九日。同日、源八たちは佐久間屋敷に移され、酒井組の与力たちは、源八たちの言い分だけを聞いたのでは正しい判断はできませんから、本当に仇討ちなのか、源八たちが元家臣だったのか等、奥平家への問い合わせなども行ったでしょう。三日から十三日までこれらの取り調べで時間が費やされ、その報告が嶋田、坂部を通して幕閣のもとに上げられる。それから幕閣たちが処分について検討したと考えられるのです。もちろん、推測の域は出ませんが。

ただ、瀬死の友之丞と三七を最初に近藤弥右衛門のところに連れていっています。このへんが謎です。源八たちと弥右衛門がもともとなんらかの関係があり、そこを頼ったのか。そして、事情をある程度知っていたので、弥右衛門が取り調べをすることにしたのか、残念ですが、わかりません。

井伊直澄の尽力

さて、源八、外記、伝蔵の三人は二月二十日になって彦太夫ら家来を連れて井伊直澄の上屋敷に参上します（「二十日掃部様江源八外記傳藏召仕彦太夫、安太夫、瀬之介（助）、喜内、甚兵衛、甚五左衛門、召連罷出」）。取り次いだのは松居武太夫。『侍中由緒帳』によると、武太夫は江戸で取次役や日光社参の際の供を務めた、とあります。二日に目付の屋敷に出頭してから十八日後のことです。これだけ見ると、「罷り出た」ということで、源八たちが逃げ隠れしていたという意味には受け取れません。

ただ、『侍中由緒帳』の源八が書いた「奥平源八家」のところには次のように記されています。原文を見てください。

「大勢ニ而御城下ヲ不憚騒動仕、不届被為思召、拙者共住所御穿鑿御座候ニ付」

「大勢で江戸城下を騒がせたこと、不届きということで、自分たちの居所を穿鑿しているというので」、井伊屋敷に参上したというのです。日にちは二月二十日となっています。

これを読むと、通説のように、隠れていたが、穿鑿されているので出頭したと受け取れます。どうなっているのでしょうか。

ここから、源八たちが井伊家に出頭してからの井伊家の対応を『自記』と『侍中由緒帳』で見てみます。

まず源八たちが井伊家に出向いた理由。『自記』には書かれていませんが、『侍中由緒帳』によると、「御役儀御家柄」です。家柄は「徳川四天王」と言われた井伊直政の二代後で、武門の家柄。役儀は直澄の公儀での役儀でしょう。直澄はこの時大老だったとするものもありますが、たとえば、『江戸幕府役職集成』（笹間良彦）では大老に含めていません。山本博文氏は、井伊家で最初に大老となったのは、綱吉の代の井伊直興としています（『お殿様たちの出世―江戸幕府老中への道』）。旗本の根岸衛奮が天保八年（一八三七）から編集を始めた幕府役人の任免記録である『柳営補任』では、執事職に名を連ねています。

『徳川実紀』には、寛文八年（一六六八）十一月に「大政に参与するように命じられる」と、『寛政重修諸家譜』には、「八年十一月十九日将軍の御前にめされ、父と同様に国政にかかわるように命じられ、その器ではないと直澄は辞退したが、認められなかった」とあり、大老や老中ではありませんでしたが、政にかかわる立場にありました。それだけ発言力もあったでしょう。

当時の大老は酒井忠清で、老中は稲葉正則、久世広之、土屋数直、板倉重矩の四人でした。源八たちは、大老や老中のように正式の役職にある大名家に出向くのは憚りがあったのでしょうか。町奉行のところではいけなかったのでしょうか。というよりも、源八たちは一度目付のところに出頭しているのです。目付に出頭して、目付の弟に連れられ、その屋敷に行き、その後は重要な役職にある旗本の組屋敷にいた。それなのに、公儀は源八たちのいるところがわからず、「御穿鑿」。もしそうなら、間抜けな話です。公儀がそんな間抜けだったとは到底思えません。

いずれにしても、「御役儀御家柄」だけ見ると、源八たちが選んで井伊家に罷り出たと受け取れます。

出頭した源八たちは取り次ぎに出た松居武太夫に口上書（こうじょうしょ）を出しています（『侍中由緒帳』）。「口上書」を文字通りとれば、「江戸幕府の訴訟関係文書の名。訴訟関係者の口述筆記」（『角川日本史辞典』）で、取り調べを受けた上でのものと考えられます。

二十日のことは『自記』では井伊家に罷り出て、松居が取り次いだとだけ記されていて（奥平伝蔵からの伝聞だったので、詳しくはわからなかったのだと思います）、次の記述は二十一日の夜のことになりますが、源八は『侍中由緒帳』で二十日のことをもう少し詳しく書いています。それによると、直澄は源八たちをすぐに屋敷に召し入れ、料理を出し、家老の三浦与右衛門（みうらよえもん）に対応させ、源八たちの様子なども与右衛門に尋ねさせています。それから、源八たちは、「今、老中に話しているところで（処分についてでしょう）、その間は、与右衛門の長屋で休息するように」と言われて、長屋に行きます。

そして二十一日の昼間。三浦与右衛門、中老の宇津木治部右衛門（うつぎじぶえもん）らが来て、「伊豆大島へ流罪と決まった際に、流罪なら彦根へと老中に願い出たが、まずは公儀の決定に従い、時節を待って訴訟するようにと老中が言うので、強いて意を通すのは難しく、伊豆大島へ流罪となった」という内容の直澄の言葉を伝えます（『侍中由緒帳』）。

夜になると、長屋に直澄が与右衛門と共にやってきます。そして、「いずれも若く、特に源八は若年の身ながら思いを達し、奇特。大島では体を大切にしなさい。折を見て訴訟して、帰って来られるようにするから」（『侍中由緒帳』）と言います。

このあたりの様子を『自記』の記述で見ると、直澄は『自記』でも「奇特だ」と源八を褒め、「そのほうたちの申し分は公儀へ話した。城下を騒がしたのは不届きで、死罪とするところだが、直澄が赦免を願い出たところ、公儀のことなので、仕方ない」と話しています（赦免は無理で遠島になったということでしょう）。また、『自記』は次のように続けます。家老衆を通して老中に「此度之儀御預り被成度旨」を伝えたと。これは、『侍中由緒帳』にある、流罪なら遠島でなく源八たちを自分のところ

（彦根）に預かりたいということでしょうか。これに対して老中は自分たちで判断できず「上聞に達し」、つまり、将軍家綱の判断を仰ぎました。そして、直澄の言うこともっともだか、そうするわけにはいかないので、遠島を仰せ付けられたと老中から言い渡されました。そして、老中が直澄に、後に訴訟すればいかがと提案しています。『侍中由緒帳』と同じ内容です。

このような経緯で源八たちの伊豆大島遠島は決まったのです。

ここでまた疑問が生じます。直澄およびその家老衆と老中との一連のやりとりは二十一日の昼間だけのことでしょうか。源八たちがそれまで隠れていて、二十日に井伊家に出頭し、老中たちが井伊家を通して源八たちの言い分を聞いて、処分を決めたとしたら、そうなりますが、そんなに早く、簡単に処分が決まるものなのでしょうか。ろくに取り調べもしていません。「源八たちはこう言っています。刑を軽くしてやってください」、「そうですか。では、本来なら死罪ですが、遠島にしましょう」といった感じです。

また、次の日には伊豆大島への船に乗るため、源八たちは井伊家を出ます。二十一日に遠島と決まって次の日に島送りの船が出ているのです。今のように毎日船が出ているのならわかりますが、当時、島送りの船は頻繁には出ていませんし、流人が出たからすぐ船を出すというのでもありませんでした。「出帆の期日は――（中略）――春秋二回に限られていた。春は三、四月、秋は九、一〇月（いずれも旧暦）で、この頃海上が一番平穏の時季であったから」（立木猛治『伊豆大島志考』）というものでした。それまで流人は牢に入れられていました。源八の船は他の流人とは別仕立てで、源八たちのためだけに用意されたものだったとしても、一日で準備ができるものでしょうか。井伊家では源八たちにいろいろなものを持たせています。井伊家の力なら一日で用意もできるかもしれませんが、はたしてどうでしょう。また、通常、流罪になる場合、生きて帰ってこられるかわからないのですから、江戸に家族がいれば、事前にその日が知らされていて、別れを惜しむことができました（条件がありましたが、家族が物品類を渡すこともできました）。源八たちにはそのような機会も与えられなかったということになります。もちろん、討ち入る前に家族との別れは済んでいたでしょう。それでも、目的を果たし、自分たちも生きている。できればもう一度と思うでしょうし、かりに源八たちはそのような未練がましいことは不要と思ったとしても、助命に動いた直澄は、通常の遠島と同じように家族を見送らせることをしたのではないでしょうか。もし、それをしなかったら、助命に動き、後述するように、至れり尽くせりで源八たちを送り出した直澄の行動と相反するように思えます。

二十日に井伊家に出頭、一日後の二十一日に遠島と決まり、翌二十二日に船に乗る、というのは、無理があるように思います。

私見——源八たちが井伊家に行くまで

ここから先はあくまで私見ですが、順番としては、源八たちは隼人を討ち取った足で目付の大岡五郎右衛門宅に出頭。知らせを受けた公儀は、源八たちの身柄を主立った旗本の組屋敷に囲い（隼人の親類の襲撃から守る意味もあったでしょう）、北町奉行らに事件の詳細を調べさせる。その結果、死罪と決める。ところが、その処分に、事件の詳細を知り、源八たちの行いを快挙と思った井伊直澄が待ったをかける。その結果、死罪は免じられたが、伊豆大島へ遠島と決まる。船が出るのは二十二日と決まり、ならばせめて出船の時は井伊家から送り出したいから二十日にわが屋敷にと、直澄がわがままを言い、それが通った——こう考えることもできますし、そのほうが自然だと思います。また、二十一日のぎりぎりまで、流罪なら彦根へと老中へ働きかけたとも考えられます。

遠島の処分は、通説では一日で決まったように受け取れますが、そうではなく、嶋田忠政と坂部広利から報告を受けた老中たちが、直澄の意見を聞きつつ、十分検討して決めたのでしょう。庶民の裁きでも一日ということはありません。まして、武士の仇討事件であり、明け方、牛込御門の前で斬り合いをしたのですから、世間の耳目も集まっていた。ですから、きちんと調べ、検討したはずです。

源八たちが井伊家に罷り出た時、すぐに料理が出たり、家老の長屋を用意したり、後述のように島送りの際には源八たちのためにいろいろなもの用意したりというのは、事前にわかっていたからではないでしょうか。先に紹介した『自記』と『侍中由緒帳』の井伊家の一連の動きはこの間のことをまとめて書いているとも言えます。

ただ、以上の私見にそぐわないのが、『侍中由緒帳』にある「拙者共住所御穿鑿御座候ニ付、乍恐御役儀御家柄与奉存」という記述です。「公儀は源八たちの居所を穿鑿していた」ということ、直澄の要望で井伊家に来たのではなく、「役儀と家柄で選んで井伊家に来た」ということ。これは、残念ながら、前述の私見と合いません。

通常なら罪人ですから、それなりの扱いをしなければならないところ、直澄のわがままを受け入れたため、体裁を整えるため、源八たちが自ら出頭したという形にしたとすることもできますが、裏付けはありませんから、牽強付会の誹りを免れません。そうかといって、源八たちが逃げ隠れし、二十日に井伊家に出頭し、二十一日に流罪と決まり、二十二日に船に乗るというのは、やはり不自然です。

さて、ともかく、源八、外記、伝蔵とその家来を乗せた、伊豆大島への船が二十二日に出ることになり、その際、『自記』によると、井伊家から三人へ六十両、白米二十俵、味噌、塩、薪、小袖、寝具、その他身の回りのものが、家来たちにも三両と木綿の着物、寝具が与えられます。屋敷を出る際は、三人を乗物（駕籠）に乗せ、騎馬十六騎、徒侍百人を付け（これは隼人側の襲撃の警戒の意味もあるでしょう）、船手頭の間宮造酒允（丞）に引き渡します。加えて、直澄は大島代官の伊那兵右衛門を呼び出して、よろしくと言っています。普通、島送りの罪人は、「早朝牢屋敷前に曳き出され、士分の者や出家の僧は籠で―（中略）―牢屋敷の裏門から連れ出された。この時、囚人はいずれも青細引（縄＝著者）で縛られ、重罪の者は羽がいじめにした。霊岸島の船手御番所に到着すると乗物から降ろされて、今度は手鎖、腰縄つきで乗船し、再び船中の牢につめられた」（『伊豆大島志考』）というのですから、源八たちはかなりの厚遇を受けていたと言っていいでしょう。

源八たちの船は品川で風待ちをし、二十五日に出船しました。

源八によると（『侍中由緒帳』）、島での生活も他の流人とは別格で、刀、脇差を許され、井伊家から毎年金子ももらっていたと言います（前述したように、母や祖母も井伊家から時服をもらっていました）。島での生活は、不自由はあったでしょうが、他の流人と比べるとずいぶんよかったわけです。しかも、伊豆大島の流人は八丈島など、他の島と比べると、生活しやすかったようで、寛政八年（一七九六）には伊豆大島は流刑地から外されるのですが、その理由の一つが、大島は流人が暮らしやすかったからと考えられています（『東京都大島町史』）。

源八、外記、伝蔵とその家来以外の者たちは、島送りにならず、しばらくの間旗本などの家に預けられていました。二月二十日、佐久間角右衛門方にいた桑名頼母、後藤安右衛門は小山貞右衛門方へ、平野左門は菅沼五郎兵衛方へ、細井嘉兵衛は甲府衆黒屋宇右衛門方へ移り、頼母は十日ほどして近藤弥右衛門のところに行きました。二十七日、武居伝兵衛は安藤治右衛門組の河原伊太夫方に行きます。川俣三之助は三月二日に小山貞右衛門方に、大内十太夫も四月下旬に貞右衛門方へ、伝兵衛も翌年の寛文十三年三月中旬から貞右衛門方へ移っていて、三人は同年の六月十二日に町屋に移ります。町屋のどのようなところで暮らしたのかはわかりません。『自記』は三人が町屋に移って、一緒に生活する中で書かれています（同年八月三日）。

このように源八、外記、伝蔵とその家来以外は幕臣に預けられる程度で厳しいお咎めはありませんでした。ほかに、夏目勘解由のように陰で援助した者に対する処分もあったようです。『自記』にはそのことは書いてなく、正しいかどうかはわかりませんが、『万天日録』には、夏目勘解由ら二十九人が逼塞を命じられたとのことです。『柳営日次記』では二十七人が、逼塞より重い閉門となったとあります（逼塞は昼間の出入りが禁じられるのですが、閉門は昼夜とも出入りが許されません）。

ここで気になることがあります。源八が奥平家追放となった際、大身衆でありながら親子で禄を捨てた兵藤玄蕃はどうしたのかという点です。『万天日録』の著者も気になったようで、「兵藤玄蕃生田弥左衛門同久五郎――（中略）――大膳殿ヲ立退キ候ヘトモ夜討之時ハ如何様ノ子細ニカ出合不申也」と書いています。どうして討ち入りの時、いなかったのか、その後、どうしたのか、わからないのが残念です。実録物の『日本武士鑑』では、玄蕃は討ち入りの際、大斧をふるっていますが。

その後——菅沼次太夫と上曽甚五右衛門の斬殺

事件はこれで落着しませんでした。『自記』は次のように記しています。

「四月二十六日暮方湯島六丁目にて菅沼次太夫上曾甚五右衛門被討候討手は本多次郎右衛門、同瀬兵衛、奥平源四郎、同彌一郎」

菅沼次太夫と上曽甚五右衛門が本多次郎右衛門らに討たれたというのです。この二人は源八が追放となった時、一緒に禄を捨てた者で、甚五右衛門は兵藤玄蕃の組子でしたが、二人とも、上山での戦いにも浄瑠璃坂上での討ち入りにも加わっていません。本多次郎右衛門らは隼人の親戚で、源八、外記、伝蔵を討ちたかったのでしょうが、かれらは伊豆大島に流されてしまったのでかなわない。他の面々も旗本の組屋敷などにいて、居所がつかめなかったのかもしれませんし、警戒されていたのかもしれません。そんな中、次太夫と甚五右衛門には、仇討ちに加わっていなかったということで、隙があったのでしょう。次郎右衛門たちは隠岐島（おきの）に流されます。

『徳川実紀』にこの件についてもう少し詳しく記されていますので、その内容を紹介しておきます。

「寛文十二年五月六日、先に奥平源八たちに討たれた奥平隼人の親縁、本多次郎右衛門、奥平源四郎、奥平弥市郎、本多瀬兵衛が隠岐国に流された。次郎右衛門たちは隼人の復讐をしようとしたが、源八たちがすでに流刑になっていてできないので、せめて源八の親縁の者でも討とうと、大勢徒党を組んで、源八と関係のある菅沼次太夫、上曽甚五右衛門の本郷の宅に先月二十六日に押し入って討ち取った。源八たちの場合、源八が幼かったので親族たちが力を合わせて、敵討ちを成就したというもので、理があったが、それでも大勢で御府内を騒がせたため、流罪となった。まして、次郎右衛門たちの行動には理がなく、しかも大勢で御府内を騒がせたことは、公儀をはばからない過ちであり、そのために流罪となった」

菅沼次太夫も上曽甚五右衛門も奥平半斎（はんさい）や隼人、主馬允（しゅめのじょう）を討ち取る場面にはいませんから、仇討ちでもなんでもない。それなのに本多次郎右衛門たちは流罪で済まされています。源八たちも、本来なら死罪とするところを井伊直澄の力で罪一等を減じたこともあり、そのへんのバランスをとったのでしょうか。井上忍斎（いのうえにんさい）は、本多らを「喧嘩として処分すべきなのに、どうして遠島なのか」（『一谷報讐記』）と憤っています。ともあれ、この件で、奥平内蔵允の刃傷で始まった一連の事件は終わりました。『自記』の記述もここで終わっています。

それから六年後の延宝（えんぽう）六年（一六七八）四月五日、源八たちは赦免となって戻ってきます。『徳川実紀』には、「さきに天樹院御方の御法會ありしにより赦に逢者多し——（中略）——奥平家の臣奥平源八が一黨もこの時歸島せしめらる。これより井伊家にて扶助せしといへり」とあります。二月三日に天樹院（徳川秀忠の娘の千姫）の十三回忌法事があり、その恩赦ということです。

奥平源八、夏目外記、奥平伝蔵の三人は井伊家に召し抱えられました。源八たちの命を救った直澄は延宝四年に他界していて、直澄の甥で、養子となって家督を継いだ井伊直興（なおおき）（一六五六—一七一七）が直澄の思いを受け継いだのです。『侍中由緒帳』を見ると、自動的に赦免になったわけではなく、直興が訴訟したからのようです。「源八たちにも恩赦を」と公儀に願い出たのでしょう。

源八のそれからのことを『侍中由緒帳』に従って紹介すると、源八は萱原（かやはら）（滋賀県犬上郡多賀町）に家を建ててもらい、六月七日に到着。百人扶持を与えられました。翌年の五月十五日に直興に拝謁。元禄七年（一六九四）に彦根城下に移っています。前述したように、この間、深沢村の法幢寺（ほうどうじ）にお礼に訪れています。『侍中由緒帳』の解説によれば、元禄八年の源八の家は、母と若党七人、草履取一人、中間五人、召使女七人、若党の家族八人、中間家族三人の三十三人の所帯だったとのことです。そして、享保十五年（一七三〇）八月五日に源八は病死しています。

源八たちの赦免によって、他の同志も晴れて自由の身となり、川俣三之助、大内十太夫、武居伝兵衛は、延宝八年五月、老中を務めていた小田原の稲葉正則（いなばまさのり）にそれぞれ二百石で召し抱えられ、稲葉家はこの三人のために番頭並という職をつくったとのことです（田邊密藏「赤穗義士と我藩との關係並に大石良雄が大に學ぶ所ありしといふ淨瑠璃坂の仇討」『淀城温故会第三回報告書』）。

ほかの者たちも仕官先があったと言われていますが、詳細は不明です。

川俣三之助による『自記』の記述に沿って、『侍中由緒帳』やその他の史料を参考にしつつ、「浄瑠璃坂の仇討ち」事件をたどってきました。事件の全体について、不明な点も残っていますが、ある程度整理できたのではと思います。

赤穂浪士による討ち入りは、この事件から三十年ほど経て起きています。そして、大石内蔵助たちは、この事件を参考にしたという説もあります。田邊密蔵は前掲書で、赤穂浪士の一人、奥田孫太夫（おくだまごだゆう）の甥に、その頃稲葉家の用人だった成田伝兵衛（なりたでんべえ）なる人物がいて、同じく用人になっていた三之助たちから当時の話を聞き、それを孫太夫に伝え、それが大石内蔵助（おおいしくらのすけ）の耳に達していたのではと推測しています。

「浄瑠璃坂の仇討ち」が起きた頃は、大石は十三歳くらいで事件のことは知っていてもおかしくないですし、江戸詰の浅野家の家臣で事件の詳細を知っていた者がいてもおかしくなく、大勢で敵の屋敷に討ち入るという点では似ていますから、証拠はありませんが、大石たちが参考にしたということはありえることです。特に、肝心の敵が屋敷にいなかった、あるいは見つけられなかったというのは源八たちの大失態で、その轍を踏まないようにと大石は考え、吉良上野介（きらこうずけのすけ）が間違いなく屋敷にいる日を周到に探ったと考えることもできますが、これも推測の域を出ませんので、この件には立ち入らないことにしましょう。

第四章のまとめ

奥平隼人を討ち取った奥平源八たちは、通説では、姿を隠し、公儀から穿鑿されていることを知って、源八、夏目外記、奥平伝蔵の三人が家来を連れ、寛文十二年（一六七二）二月二十日に井伊家に出頭したとなっています。そして、二十一日に伊豆大島へ流罪と決まり、二十二日に島送りの船に乗ります。源八たちは二週間以上も身を隠し、出頭したら一日で罪が決まり、翌日には島送りになっているのです。

しかし、実際はそうではない。源八たちは、隼人を討ち取ったその足で目付の大岡五郎右衛門宅に出向いています。その後、旗本の組屋敷に分散して移され、北町奉行等が仇討事件の詳細を調べています。おそらく、その調べに基づいて、老中たちが処分を検討したものと考えられます。

そして、源八たちは御府内を騒がせた咎で死罪と決まりますが、彦根城主の井伊直澄が助命に動き、伊豆大島への遠島と決まり、源八、外記、伝蔵とかれらの家来は、寛文十二年二月二十日に、旗本の組屋敷から井伊家に移り、井伊家で接待を受け、二十二日に島送りの船に乗りました。

事はそれで終わりませんでした。四月二十六日、源八に与しましたが、討ち入りには加わらなかった菅沼次太夫と上曽甚五右衛門が、隼人の親戚、本多次郎右衛門らに殺されるのです。本多らは隠岐島へ流罪となっています。

そして、延宝六年（一六七八）四月五日、源八たちは天樹院（秀忠の娘の千姫）の十三回忌の恩赦で戻ってきます。井伊直澄はもう亡く、その遺志を継いだ井伊直興が源八、外記、伝蔵を召し抱えます。また、川俣三之助、大内十太夫、武居伝兵衛は小田原の稲葉家に召し抱えられました。

寛文三年（一六六三）

五月　四代将軍徳川家綱、殉死を禁ずる

寛文八年（一六六八）

二月十九日　宇都宮十一万石城主・奥平忠昌卒

同　杉浦右衛門兵衛、殉死

三月二日　宇都宮・興禅寺での法要の際、奥平内蔵允と同隼人、刃傷

四月二十二日　内蔵允死去

八月三日　奥平昌能、跡目認められる（ただし、二万石を減らし、山形に転封）

九月二日　内蔵允の子、奥平源八に暇、夏目外記ら源八に従い奥平家を致仕

同　隼人に暇、宇都宮を去る

十二日　奥平伝蔵、兵藤玄蕃ら奥平家を致仕

同　源八、伝蔵、外記ら大関信濃守知行所の深沢村に移り住む

十九日　川俣三之助、大内十太夫、武居伝兵衛、奥平家を致仕し、宇都宮を去る

十月中旬　三之助、十太夫、伝兵衛、江戸に出で、隼人の居所を探る

十一月初旬　伝蔵も加わる

十二月　三之助、十太夫、伝兵衛、深沢村へ戻る

寛文九年（一六六九）

一月　外記も江戸へ出て、探索するがむなしく帰る
二月中旬　十太夫、江戸へ出て探索
四月中旬　伝蔵、三之助も江戸へ出て、十太夫とともに探索
五月五日　隼人の弟、奥平主馬允が山形を立ち去るとの知らせが入る
八日〜
十六日　伝蔵ら、寺子村で主馬允を待つが主馬允来ず
二十日　伝蔵、伝兵衛、十太夫、三之助ら主馬允のいる山形に発ち、二十四日着
六月一日　伝蔵、伝兵衛、十太夫、三之助、山形から上山に移り、七日まで逗留し、赤湯に移る
十五日　平野左門、江戸から赤湯に来る
二十七日　外記、上山に滞在し、七月十一日、赤湯に
七月十二日　伝蔵、外記ら、主馬允が山形を発ったとの知らせを受け、上山を出て、藤吾村で主馬允を討つ
十五日　深沢村に戻る。以後、随時同志が加わり、江戸の隼人の居所を探る

寛文十一年（一六七一）

秋頃　隼人の居所をつかみ、討つ手立てを相談

寛文十二年（一六七二）

一月三十日　源八たち深沢村を出て江戸へ

二月二日　日暮れ前に江戸着

三日　丑の刻、浅草駒形で江戸の同志と合流。七つ時、駒形を出て、市ケ谷の隼人宅に向かい、討ち入る。隼人不在。牛込土橋付近で追いかけてきた隼人を討つ。源八たち、その足で目付の大岡五郎右衛門宅へ。夜、近藤弥右衛門宅へ移る。伝兵衛、十太夫、三之助、吉田多兵衛宅へ

五日　夜、三之助ら三人、菅沼五郎兵衛宅に移る

九日　北町奉行の嶋田忠政、百人組組頭の坂部広利、仇討ちの僉議を仰せつけられる

夜、源八、外記、伝蔵ら、佐久間角右衛門宅へ移る

十三日　酒井小平治組与力、事件の件、大方調べがついたと報告

二十日　源八、外記、伝蔵の三人、家来を連れ、井伊直澄屋敷へ罷り出る

二十一日　三人、直澄と面会

二十二日　三人と家来、井伊家屋敷から伊豆大島へ。二十五日、品川から出船

四月二十六日　源八に与した菅沼次太夫、上曽甚五右衛門、隼人親戚、本多次郎右衛門らに討

たれる。次郎右衛門らは隠岐へ流罪

七月二日　奥平昌能卒

延宝一年（一六七三）

『川俣三之助自記』

延宝六年（一六七八）

四月五日　源八ら赦免

「浄瑠璃坂の仇討ち」を扱った史料

○「浄瑠璃坂の仇討ち」を扱った代表的な実録物

『古今犬著聞集』（椋梨一雪「奥平源八敵討の事」、一六八四）

『日本武士鑑』（同「奥平源八、同苗隼人、親兄弟討吏」、一六九六）

『義のかたきうち物語』（著者不明、一六八六）

『武士通鑑録』（鍋島種世「奥平家侍敵討」、成立年不詳、著者の生没年は一六一八〜一六九六）

『一谷報讐記』（宮川忍斎、一七〇八）

『奥平報讐記』（筆写、越智直澄編著、椿亭叢書、一八三六〜一八三八）

『寛文復讐記』（藤吾村庄屋手記、一七五一）

同じ著者（椋梨一雪）による『古今犬著聞集』と『日本武士鑑』の内容はほとんど同じ。『義のかたきうち物語』は、『下野歴史五十号』に翻刻されていて（監修徳田浩淳、筆者玉生勝忠「史料復刻義のかたきうち物語」）、そこには「本書は、河内郡上小倉村庄屋大桶氏が、たまたま江戸に出向いて求めたもので、奥書には『貞享三年六月』と記されていてこれは本懐達成後十四年目である。文章のあやなどから、これ以前にも筆写本が出廻っていたであろうことは推測するに難くない」と書かれています。貞享三年は一六八六年。『古今犬著聞集』はすでに世に出ていて、ほかにも写本がいろいろあったのでしょう。『義のかたきうち物語』と基本的な内容が大体同じ『寛文復讐記』は、藤吾村庄屋羽嶋利兵衛が、代々所持していた記録が紛失して、ある人が書き写したものをもらったとあり、日付は「干時（ときに）寛延四年未年六月初旬」となっていて（『上山市史』）、これも出所は当時出回っていた写本の一つと考えられます。

『武士通鑑録』の「奥平家侍敵討」は、国文学者の倉員正江氏による翻刻がありますが、忠昌の中陰（四十九日）の時に内蔵允と隼人のもめごとがあり（実際は二七日）、しかも、その時点で忠昌の子の昌能がすでに山形城主となっていて（もめごとが起きた時点ではまだ山形城主ではありません）、もめごとは山形で起こったとしている点（実際は宇都宮）、内蔵允を「文盲」としている点（家老職を務める内蔵允が文盲とは考えられません）、内蔵允の子を源八でなく、「伝八郎」としている点、仇討ちに加わった夏目外記を「奥平外記」としている点、事件後、源八たちは伊豆大島に流されたのですが、これを八丈島としている点など、創作以外の肝心の事実の部分が、実際とかなり違っています。あいまいな伝聞だけをもとに書かれたものであることは明らかです。

『武道伝来記』（井原西鶴の浮世草子、一六八七）

この中にある「若衆盛は宮城野の花」は、この事件を題材としているとされています。ただ、話は最初から最後まで他の実録物とは別物で、松明をかざし、敵味方大勢で戦ったことなどが他の実録物と同じで、それ以外は西鶴の創作です。

○「浄瑠璃坂の仇討ち」を扱った代表的な随筆・記録類

『紫の一本』（戸田茂睡）

『談海』（著者不詳、慶長十年から寛文十三年までの幕府・大名等の諸事件を収録）

『玉滴隠見』（著者不詳、天正の頃から延宝八年までの逸話など）
『武野燭談』（著者不詳、徳川家康から五代将軍綱吉までの時代の将軍、大名、旗本などの逸話などをまとめたもの。「浄瑠璃坂の仇討ち」に関しては、『古今犬著聞集』、『日本武士鑑』とほとんど同じ内容で、これらの実録物から採録したのでしょう。）
『鳩巣小説』
『徳川実紀』（徳川家の正史）
『柳営日次記』（徳川幕府の公記録）
『万天日録』（釣雪堂、万治元年～天和三年までの記録。「浄瑠璃坂の仇討ち」に関しては、『談海』、『玉滴隠見』とほぼ同じ内容です。）

明治以降も「浄瑠璃坂の仇討ち」を取り上げたものがあり、『国史略』（幕末から明治にかけての漢学者で、十四代将軍徳川家茂の儒官、菊池三溪、一八八〇）、『大日本復讐叢書』（田沢正三郎「奥平源八、奥平隼人、江戸市ヶ谷仇討」、一八八九）、『奥平復讐記』（一八九二）、『徳川十五代史』（水戸弘道館教授を務めた内藤耻叟、一八九二～一八九三）、『古今名誉実録』（「奥平源八・純孝」、一八九四）、『敵討』（平出鏗二郎「江戸市谷淨瑠璃坂奥平源八の敵討」、一九〇九）、『大石内蔵助』（ジャーナリストの福本日南、一九一四）などがそれです。

ただし、話の大筋は上述の江戸時代の実録や随筆、『徳川実紀』、『柳営日次記』の記述と同じです。

ほかにジャーナリストで文芸評論も手掛けた千葉亀雄も『新版日本仇討』（一九三一）で取り上

げていますし(「奥平源八等江戸市ケ谷浄瑠璃坂の仇討」)、また、黒屋直房の『中津藩史』(「浄瑠璃坂の仇討の顚末」、一九四〇)にも詳しく紹介されています。小説では、『浄瑠璃坂のあだうち』(中里介山、一九二三、新聞連載は一九〇七)、『仇討浄瑠璃坂』(直木三十五、一九二九)などがあり、小説ですから、当然それぞれの作家の創作があります。

○『日本武士鑑』と『鳩巣小説』の内容

他の実録物の基本となっていて、「後続の作者にとっては、この作自体が史実と受け取られていたと考えられる」(『実録研究』―筋を通す文学)と国文学者の高橋圭一氏が指摘する『日本武士鑑』の内容と、『鳩巣小説』の内容を紹介しておきます。

『鳩巣小説』のこの仇討事件に関する箇所は、吉田逸角という人物が事件の翌日の二月四日に書いた書簡で、仇討ちの発端なった宇都宮の出来事は内藤勘兵衛という人物が語ったこととなっていて、また、三日(仇討当日)のことは、仇討ちがあった牛込の近くの者が語ったものだとあります。この頃の加賀前田家の家臣の名簿『寛文侍帳』に内藤勘兵衛、吉田逸角の名があります。勘兵衛がどういう経緯で宇都宮のことを知ったのかはわかりませんが、宇都宮のことは勘兵衛が誰かから聞いたことであり、三日のことも伝聞です。ただ三日のことは事件が起きた翌日に記しているので、ある程度信憑性があるかもしれません。

『日本武士鑑』

- 寛文八年二月二十九日、奥平美濃守（美作守の間違い）が死んで、三月二日、宇都宮で弔いがあった。
- 奥平内蔵介は持病のため、その子、源八が名代となったが、それについて奥平隼人が揶揄嘲弄（やゆちょうろう）した。
- 源八は宿（屋敷）に戻り、内蔵介に報告。内蔵介は病をおして出座する。
- 当日、寺に「入室」の看板があり、その読み方を隼人が「にうしつ」と誤り、それを内蔵介が「にしつ」が正しいと指摘したことから、言い合いになり、隼人に「坊主まさり」と言われたことで内蔵介が隼人に斬りかかり、隼人も抜き合わせ、双方が手傷を負う。そこに隼人の弟の主馬も斬りかかり、内蔵介に手傷を負わせるが、その場にいた兵藤玄蕃に投げ飛ばされる。
- 内蔵介は書き置きして自害する。
- 内蔵介は乱心したとして、隼人に障りなし。
- 源八、隼人、共に浪人となり、親戚なども奥平家を立ち退く。
- 夏目外記、奥平伝蔵は源八と行動を共にし、ゆかりがある大関土佐守のところに移る。
- 隼人の弟、主馬は奥平左馬之丞の養子となっていて、山形にいたが（奥平家は宇都宮から山形に転封となっていた）、寛文十年七月十三日、その主馬が山形を立ち退き、仙台を経由して江戸に出るため米沢領に入るという情報を、源八は内通によって得る。
- 米沢領の阿賀湯（赤湯）に湯治していた源八、外記、伝蔵、桑名友之丞、弟頼母は、旅人を乗せる駄馬に乗り、上の山（上山）を目指して急ぐ。

・主馬は騎馬で、鉄砲火縄に火をつけ、弓槍を持った大勢の家来に囲まれ、上の山で昼をとり、そこで妻子と別々になる。
・主馬、とうこう村（藤吾村）に着く。ここで源八たちと出会い、戦いとなり、主馬と家来が討たれる。
・主馬を討った源八たちは奈良下（楢下）宿に着く。ここは土岐山城守の領地で関所がある。主馬は、ここを通る時は昼夜に限らず通してほしいと（土岐家にか）頼んでいた。それを源八たちは聞き知っていたので、主馬一行を名乗って通り、大関土佐守の領地に戻る。
・江戸の同志から隼人は松平助左衛門のところに忍んでいるとの知らせがあったので、主馬の首をその屋敷に投げ込んだ。
・隼人は戸田七之介の屋敷に移り、それを探り当てた源八たちは、寛文十二年二月一日、大風が起き、大騒ぎしているので、この機に夜討ちしようと、出立。総勢七十余人で、奥筋（奥州の意）柳村（柳林）から舟で山川まで行き、そこから陸路七里、また舟に乗って浅草に着く。
・一休みして、銘々が、丸に一文字の、白木綿の袖なし羽織を着て、松明を持って隼人の屋敷に向かう。途中の番所は火消の夜回りと言って通り、市ケ谷浄瑠璃坂の戸田七之介組下の屋敷の総門に着く。
・松明に火をつけ、火事だと騒ぎ、門番が木戸をあけたところを押し入る。
・長屋が頑丈にできていて入れないので、兵藤玄蕃が大斧で壊し、中に入って、待ち受けていた敵と戦い、隼人の父の半斎や弟の九兵衛らを討ち取る。

●隼人が不在だったので、源八たちはやむをえず牛込土橋まで来て、腰兵糧をつかっていると、ほのぼのと夜が明けてきた。そこに隼人が二十人ばかり従えて、追ってきて、戦いとなり、隼人を討つ。
●日を経て、公儀から「源八、外記、伝蔵の三人の行方を知っている者があったら、申し出るように。泊めた者があったら、隠してはならない」という触れが出て、十四日に三人は井伊掃部頭の屋敷に出頭する。
●その際の三人の口上は、「お尋ねと知って、すぐに出頭すべきところでしたが、遠方に立ち退いていて、それぞれ別々に忍んでいたので、遅れました。一日、二日前にお尋ねということを知って、申し合わせて参上。助かりたいという気持ちはなく、指図通りの御仕置を受けます」というものだった。
●掃部頭は、老中にきちんと伝えるから安心するようにと、家臣を通して三人に伝え、井伊家の中に隼人方の侍がいるかどうか調べさせ、また、隼人方の者が忍んでくることも考えられるので、警戒させる。
●十六日、老中、若老中（若年寄のこと）、寺社奉行、大目付、町奉行、諸役人、残らず登城の触れが出て、掃部頭が源八の口上書を見せ、その後、処分について議論となり、掃部頭の要望が一部通り、源八たちの助命は叶い、伊豆大島への流罪となる。

『鳩巣小説』

二月三日牛込にて敵討ちのこと

六年前の二月、美作守（奥平忠昌）が死去し、宇都宮の興禅寺で弔いをし、その法事をしている時、内蔵介と隼人が位牌の文字のことで口論となり、刀を抜き合うばかりになったが、その場の者に止められた。内蔵介はそれから二、三日、寺へも詰めず、病気といって家にこもっていたが、法事が済むという日に寺に来て、刀を抜いて隼人を斬った。隼人も斬り返して、双方二ヵ所ずつ傷を負ったところで止められ、両人とも一門に預けられた。

この件をすぐに江戸にいる大膳（忠昌の継嗣、奥平大膳亮昌能）に知らせたところ、大膳から、父が死去し、家来もご法度の追腹をして、自分も（公儀から）なんと仰せつけられるかわからないので、二人ともそのまま預け置くようにとの指示があった。

ところが五月になり、内蔵介が一門に、堪え忍びがたいので切腹するから、「相手を取るように」と頼んで、切腹してしまった（自分は切腹するから隼人を討ちとってほしいというのでしょう）。これに対して、隼人一門は、内蔵介が喧嘩の傷で死んだのなら隼人が切腹するのはもっともだが、その時の傷は早く癒えて、一門お預けの身でありながら自害するとは、気がふれたのだろうと言う。その後、事態は変わらないまま秋になり、大膳は隼人の扶持を取り上げ、内蔵介の子で十二、十三歳になる源八も追放とした。この際、内蔵介一門の十二、十三人が一度に暇をもらって浪人した。そして、隼人が宇都宮を出る時、内蔵介方の者が隼人を討とうと狙ったが、うまく出ていったので（どのようにしてかはわかりません）、討つことができなかった。その後、隼人を討とうとあちこち探したがかなわなかった。

隼人の弟に奥平主馬という者がいて、こちらは大膳からのお咎めはなく、大膳に仕えていたので、内蔵介方の者たちは彼をも狙った。主馬は心配に思い、隼人と一緒にいるべきだと覚悟し、大膳から暇をもらい、宇都宮を四年前に立ち退いたところ、源八方の者たちが討ち取ろうと道中で待ち受け、主馬と家来十人ばかりを斬り殺した。源八方の方も三、四人の死傷者を出した。

いよいよ隼人を狙おうと、あれこれ探っていると、隼人は江戸牛込に屋敷を買って、浪人を多く抱え、家来も多くいることがわかった。源八は公儀へ敵討のことを届け出ていて、二月三日丑の刻、三十人ばかりで黒く一文字を書いた白い羽二重の羽織を全員が来て、松明に火をつけ、ちょうど風が強かったので、火事だと隼人の屋敷の門前で騒ぎ、門が開いたところを押し込んだ。そして、隼人の父奥平大学（半斉のこと）、同源五右衛門、そのほか家来十人あまりを斬り殺した。源八は腕を槍で少し突かれ、源八の伯父も深手を負ったので戸板に乗せ、大学と源五右衛門の首は桶に入れて屋敷を引き取った。

隼人はたまたま留守で近所にいたが、事態を知り、馬に乗り、十二、十三人で追いかけ、牛込の土橋の脇で斬り合いとなった。隼人と源八が切り結び、どうしたことか隼人は水道に倒れ、源八も続いて飛び込んで、隼人の首を取った。そのほかの家来も斬り殺し、一方、源八方は手負い十人ほどだった。

源八たちは隼人、大学、源五右衛門の首を持ち、牛込近辺の源八の知り合いの侍の家に行ったとのこと。

隼人の首を取ったのは辰の刻ばかりのことだったので、見物も多く、華やかな敵討だった。源八は当年十七歳とのことだが、まだ角額だった。源八の事は、今は数馬というという。どうしたことか、死骸は今日四日の九つ時まで引き取られていないと、屋敷から見物に行った者たちが話していた。

参考文献

『敵討』（平出鏗二郎・歳月社）
『三田村鳶魚全集』（三田村鳶魚・中央公論社）
『国史大辞典』（吉川弘文館）
『大系日本の歴史9』（小学館）
『日本の歴史6江戸時代』（深谷克己・岩波書店）
『江戸の「事件現場」を歩く』（山本博文監修・祥伝社）
『戸田茂睡全集』（戸田茂睡・国書刊行会）
『徳川実紀』（『国史大系』・吉川弘文館）
『柳営日次記』（『東京市史稿』・東京都・所収、国立国会図書館蔵）
『万天日録』（釣雪堂・『東京市史稿』・東京都・所収、本書内の引用は国立公文書館蔵＝旧蔵者昌平坂学問所のものを利用した）
『鳩巣小説』（『続史籍集覧』・近藤出版部・所収）
「赤穂義士と我藩との關係並に大石良雄が大いに學ぶ所ありしといふ淨瑠璃坂の仇討」（田邊密藏・『淀城温故会第三回報告書』・所収）
『日本史総覧』（新人物往来社）
『武江年表』（斎藤月岑・平凡社）
『近世奇跡考』（山東京伝・『日本随筆大成』・吉川弘文館・所収）
『日本の歴史16・元禄時代』（児玉幸多・中央公論社）

『寛政重修諸家譜』（続群書類従完成会）
『中津藩史』（黒屋直房・国書刊行会）
『侍中由緒帳』（彦根城博物館）
『武野燭談』（人物往来社）
『日本武士鑑』（椋梨一雪・『仮名草子集成第二十九巻』・東京堂出版・所収）
『一谷報讐記』（宮川忍斎・「防衛大学校図書館有馬文庫蔵『一谷報讐記』」・『防衛大学校紀要人文科学分冊』所収の井上泰至氏による翻刻）
『サムライの書斎・江戸武家文人列伝』（井上泰至・ぺりかん社）
『玉滴隠見』（汲古書院）
『切腹　日本人の責任の取り方』（山本博文・光文社）
『殉死の構造』（山本博文・弘文堂）
『お殿様たちの出世―江戸幕府老中への道』（山本博文・新潮社）
『新編藩翰譜』（新井白石・人物往来社）
『武士道考―喧嘩・敵討・無礼討ち』（谷口眞子・角川学芸出版）
「浄瑠璃坂の敵討をめぐる一考察―語り継がれる敵討の変容と『さし腹』―」（倉員正江・『文学』・岩波書店・『武士通鑑録』の翻刻を収録）
『奥平家御家譜編年叢林』（『栃木県史』・栃木県・所収）
『群書類従』（塙保己一編・続群書類従完成会）
『新編歴史と人物』（三浦周行・岩波書店）
『政談』（荻生徂徠・岩波書店）

『窓のすさみ』（松崎堯臣・有朋堂書店）
『常山紀談』（湯浅常山・岩波書店）
『茂木町史』（茂木町史編さん委員会・茂木町）
『創垂可継』（大関増業・国立公文書館蔵・写本、一部翻刻『黒羽藩政史料・創垂可継』・栃木県那須郡黒羽町教育委員会・柏書房）
『黒羽町誌』（黒羽町誌編さん委員会・黒羽町）
「新城宮脇夏目家と浄瑠璃坂の仇討ち」（山内祥二・『設楽原歴史資料館研究紀要第十一号』・新城市設楽原歴史資料館・所収）
「浄瑠璃坂仇討の一考察」（大宮司克夫・『下野歴史五十七号』・下野歴史学会・所収）
『角川日本地名大辞典』（角川書店）
『興禅寺物語』（徳田浩淳・下野新聞社）
『寛文復讐記』（出羽国村山郡上ノ山領・藤吾村庄屋手記・『下野歴史四十三号』・下野歴史学会・所収）
「海道・街道と交通路の名称」（山本光正・『逓信総合博物館研究紀要4』・郵政博物館・所収）
『歴史の読み解き方―江戸期日本の危機管理に学ぶ』（磯田道史・朝日新聞出版）
『上山三家見聞日記』（上山市史編さん委員会・上山市）
『上山見聞随筆』（同右）
『上山市史』（上山市市史編さん委員会・上山市）
『耳鼻削ぎの日本史』（清水克行・洋泉社）
『喧嘩両成敗の誕生』（清水克行・講談社）
『井伊年譜』（功力君章・国立国会図書館蔵写本）

『御府内往還其外沿革図書』（国立国会図書館蔵）
「江戸の土地―大名・幕臣の土地問題」（宮崎勝美・『日本の近世9』・中央公論社・所収）
『鬼怒川・小貝川の舟運再発見』（鬼怒川・小貝川流域を語る会編著）
『江東区中川船番所資料館・常設展示図録』（江東区中川船番所資料館）
『河岸に生きる人びと・利根川水運の社会史』（川名登・平凡社）
『近世日本水運史の研究』（川名登・雄山閣出版）
『境町歴史民俗資料館だより第四号』（境町歴史民俗資料館）
『葛西志』（三島政行編述・国書刊行会）
『寛政三年紀行』（小林一茶・『一茶全集』・信濃毎日新聞社）
「文芸作品に描かれた中川番所とその周辺～近世後期の紀行文を中心に～」（向山伸子・『江東区文化財研究紀要第一七号』・江東区教育委員会・所収）
『新訂官職要解』（和田英松・講談社）
『江戸幕府役職集成』（笹間良彦・雄山閣出版）
『柳営補任』（根岸衛奮・東京大学史料編纂所編・東京大学出版会）
『角川日本史辞典』（角川書店）
『伊豆大島志考』（立木猛治・伊豆大島志考刊行会）
『東京都大島町史』（大島町史編さん委員会・東京都大島町）
『忠臣蔵の手本・浄瑠璃坂の敵討―宇都宮藩騒動記―』（原田種純・新人物往来社）
『浄瑠璃坂の討入り・忠臣蔵への道』（竹田真砂子・集英社）
『実録研究―筋を通す文学』（高橋圭一・清文堂出版）

あとがき

川俣三之助は『自記』の最後に、詳細は書けないが、「數年之困窮」があったと記しています。この「困窮」には、経済的な苦労も含まれているでしょう。三之助が独り身だったのか、家族を持っていたのか、わかりません。いずれにしても、禄を捨て、隼人を討つまでの三年半ほどの間、生活は苦しかったのです。これは三之助に限らず、特に少禄だった者はそうだったでしょう。三之助は、武士として、そのような金や家族のことには極力触れず、また、私情も記さず、いかに隼人を討ったのかだけに絞って、あらましを書き残しているのです。

しかし、「浄瑠璃坂の仇討ち」の実際を詳しく知ろうとする者には、当事者である三之助が、また、『自記』を書いた時、三之助と一緒にいたと考えられる大内十太夫、武居伝兵衛が、もっと詳しく書き残してくれたら、という思いがあります。

そのへんの欠落している部分を補っているのが実録物です。ただ、そこに描かれていることのどれくらいが真実なのかはわかりません。

この事件についての埋もれた記録が、源八方、隼人方のだれかが書き残した記録が、今後どこかで発見されるかもしれません。そして、それによって、たとえば、実録物などに書かれている、隼人が下野の壬生や信州の高島の大名家に匿われていたということが事実だったと（あるいは創作だったと）、明らかになるかもしれません。

そのような形で「浄瑠璃坂の仇討ち」の真実の断片が集まり、事件の詳細が明らかになっていくことを願っています。

本書を執筆するにあたって、研究者のみなさんの研究成果、翻刻などを参考にしました。謝意を表します。

また、現代書館社長の菊地泰博さんに、全体の構成等で貴重な助言をいただきました。心より感謝いたします。

二〇一八年四月

坂本俊夫

［著者紹介］
坂本俊夫（さかもと・としお）

昭和29年(1954)、栃木県宇都宮市生まれ。早稲田大学大学院文学研究科修士課程修了。フリーライター。
著書に『シリーズ藩物語　宇都宮藩・高徳藩』『大相撲の道具ばなし』（いずれも現代書館）、『伝わる文章 Before After』（まむかいブックスギャラリー）。
共著に『東の太陽、西の新月——日本・トルコ友好秘話「エルトゥールル号」事件』『明治の快男児トルコへ跳ぶ——山田寅次郎伝』（いずれも現代書館）などがある。

浄瑠璃坂の仇討ち（じょうるりざかのあだうち）

2018年5月30日　第1版第1刷発行

著　者　坂本俊夫
発行者　菊地泰博
発行所　株式会社 現代書館
〒102-0072東京都千代田区飯田橋3-2-5
電話 03-3221-1321
FAX 03-3262-5906
振替 00120-3-83725
http://www.gendaishokan.co.jp/
印刷所　平河工業社（本文）　東光印刷所（カバー）
製本所　積信堂

本文デザイン・組版　デザイン・編集室エディット
装幀　奥冨佳津枝
校正協力　高梨恵一

 ISBN978-4-7684-5834-1
定価はカバーに表示してあります。乱丁・落丁本はおとりかえいたします。

活字で利用できない方のための
テキストデータ請求券
『浄瑠璃坂の仇討ち』